全国校本教研与校本课程数字出版平台
中国校本教研网www.schooledu.com.cn
◎特别推荐◎

师爱无疆

润泽学生心灵的教育故事

侯忠彦 著

SHI AI WUJIANG
RUNZE XUESHENG XINLING
DE JIAOYU GUSHI

江苏凤凰教育出版社
Phoenix Education Publishing, Ltd

图书在版编目（CIP）数据

师爱无疆：润泽学生心灵的教育故事/侯忠彦著.
—南京：江苏凤凰教育出版社，2014.8
ISBN 978-7-5499-3127-9

Ⅰ.①师… Ⅱ.①侯… Ⅲ.①中小学—教育工作
Ⅳ.①G63

中国版本图书馆 CIP 数据核字（2013）第 138964 号

书　　名　师爱无疆——润泽学生心灵的教育故事
作　　者　侯忠彦
责任编辑　午新生　雷利军　闫丽春
出版发行　凤凰出版传媒股份有限公司
　　　　　　江苏凤凰教育出版社（南京市湖南路 1 号 A 楼　邮编 210009）
苏教网址　http：//www.1088.com.cn
照　　排　润星之源文化有限公司
印　　刷　三河市华润印刷有限公司
厂　　址　河北省三河市杨庄镇杨庄村
开　　本　787 毫米×1092 毫米　1/16
印　　张　16
字　　数　254 千字
版　　次　2014 年 8 月第 1 版　2014 年 8 月第 1 次印刷
书　　号　ISBN 978-7-5499-3127-9
定　　价　30.00 元
网店地址　http：//jsfhjycbs.tmall.com
邮购电话　025-85406265，85400774　短信　02585420909
E - mail　jsep@vip.163.com
盗版举报　025-83658579

释放教育情怀

近日，侯忠彦老师发来了他的书稿。我一看，这么长，何时才能读完，于是就想大体浏览一下算了。

打开电脑，首先看到了一首诗：

恰如荒原，春风一缕，便会有无尽的碧绿绵延。

又如旅者，因为欣赏，再平常的街角也是风景。

教育生活，有了爱的点染，淡而又淡的日子里便氤氲着芬芳。

以生命感知生命，以心灵悦纳心灵，与孩子们在一起的点点滴滴都浸润着心，凝聚着神。

回眸瞬间，那些沉在心底的风景，流转在眼前，如水墨里的青花，细碎而惊艳。

携爱出发，在每一个开始。

浏览了这首诗，就有一种眼前一亮，为之一振的感觉，仿佛是在田野，又好像是在山间，一下子看到了春天。

书的第一篇是《“哇噻”何罪之有》，读着读着，我就被侯老师开放的教育视野所感动，看到了课堂上那种听取“哇噻”声一片的热闹场面。读完第二篇《礼物》，我竟然情不自禁地笑了起来，真想看看一个小伙子，笑呵呵地背着一个小男孩在教室里转来转去，引得围观的孩子笑得前仰后合，而爬在侯老师背上的小男孩却泪流满面是一番什么样的情境。

迫不及待！以至于中午吃午饭的时间也没有浪费，不知不觉地就读完了书稿。是感动，是敬佩，是欣喜，是高兴，书中蕴含的教育智慧使我赞叹不已，于是就产生了与大家分享的愿望。

最初认识侯忠彦老师是在5年以前，我曾经邀请他在潍坊市小学语文骨干教师培训班上举行过观摩课，讲课内容是写字方面的，于是“描一对二写三”的写字模式给我留下了很深的印象。后来也听过一次侯老师的阅读教学课，他的课堂朴实、灵动而又充满智慧，他探索着的小学语文“品诵”教学，也选入我主编的《小学语文教学名家地图》。接触多了，我常常在想：这么瘦弱的躯体何以蕴含着如此无穷的教育激情和正能量？而当我读了他几十万字的书稿后，先前的疑问也就有了答案。原来这所有的一切，都源于他的教育情怀，源于他对教育的执着和坚守，更源于他对学生的爱。读他的文章，就像读生活，喜怒哀乐，自然流露，感到很真切，很有亲近感，很多事情好像正是自己想要说而侯老师替自己说了一样。

倾注心血彰显精神。侯忠彦老师作为一名小学语文教师，他对语文教学做了较为深入的研究，有自己成功的经验，也有对教育独到的见解。他对教育所倾注的心血，所关注的程度在一般教师中是很少见到的。如果不是出自于对教育事业的无比热爱和执着，是不会达到如此境界的。

小事情中悟出大道理。他能从一句“哇噻”想到时时处处要以人为本，他能让学生坐着和自己聊天，他能倾听“学生的话”……一些普通的不能再普通的，往往被教师所忽视的，在一般教师眼里不算事情的事情，他却留心了，思考了，并且就一个小题目写出了大文章。而他之所以能“小”中见“大”，关键在于“跳出”，正如他自己说的，是“跳出语文看语文，跳出课堂看课堂，跳出教育看教育，跳出今天看今天”。正是因为能跳得出又回得来，所以他才不会囿于一隅或当局者迷，才能站得高，望得远，想得深，悟得透，冷静而客观。即使是冷眼看教育也是为了如火干教育。

厚积薄发内化风采。他是勤于积累的，积累知识，积累资料，积累正反两方面的经验。他在许多方面，特别是读书方面的所思所为，很值得同行借鉴。

文章虽然题材有异，体裁有别，长短不一，语言通俗，道理也很浅显，但却都表达出了自己内心的真实，既无故作高深之态，也不是满篇名词术语，却恰恰显露了一种内涵和底蕴。

如果说人的一生，有一种最大的欲望，那就是得到自己的乐园，而真正的乐园就是饱含着灵魂寄托的精神家园。侯忠彦老师在自己的乐园里收获着无穷的教育智慧和幸福的人生，他那矢志不渝的教育情怀给了我春潮般的力量，使我看到了教育的希望。

释放教育情怀，追求教育梦想，侯忠彦老师已经走在路上。

薛炳群

2013 年 3 月

目　录

Contents

四、用责促己亮眼前行 107

五、用行享受生活快乐 141

没有爱就没有教育，充满爱的课堂才是鲜活的课堂，才是生命的课堂，才是异彩纷呈的课堂，充满爱的课堂才会让学生神采飞扬、活力四射。

对学生无私而细腻的爱，演绎了一个个生动的课堂故事，这些故事的主角就是我和学生。在这些有声有色的故事中，我们有喜有忧，有笑有泪，也有花有果。一个透明胶，我们研究得如醉如痴，诞生了一堂生动的科技作文课；学生作文中的一句话，成了一面公平而神奇的镜子，让我以之为鉴；一张看似平常的奖状，竟隐藏着一个“天大”的秘密，也由此引发了一场师生间的“暗战”……

小课堂，大舞台，一方舞台舞出我和学生的风采。小故事，大智慧，一个个故事尽显我和学生的从容与默契。心中有爱，故事有情，从我们的课堂故事中，你会发现，学生的心和我的心贴得紧紧的，折射出师生间的相互尊重。在课堂中，我们总是“知无不言，言无不尽”，在平等对话中，我们的课堂总是那么灵动。

“哇噻”何罪之有

下午第二节语文课上，我正在板书，突然身后传来轻轻的一声“哇噻”。我扭头一看，坐在窗边的徐力正入神地望着窗外。看来，声音就是从他的嘴里发出的。我不经意地往窗外一看，心中一惊，刚刚还艳阳高照的天竟然下起了鹅毛大雪，雪花又大又密。说实话，这样的雪，我以前确实没见过。其他学生也都向窗外望去，我说：“看就看个够吧。”学生们愣了一下，一窝蜂地站到了窗子边上。“哇噻，好大啊!”“哇噻，这才叫下雪呢!”“哇噻，连操场边的树都看不到了!”一时，“哇噻”声此起彼伏。没想到，刚看了 5 分钟，大雪竟戛然而止，阳光又直射大地。学生都惊奇万分，刚想离开窗子，可出人意料的是，大雪又下了起来。雪花还是那么大、那么密，更有趣的是，还伴着阳光。“哇噻，太神了!”“哇噻，真是不可思议!”“哇噻，简直瞬息万变哪!”“哇噻，这不是‘太阳雪’吗?”又是一阵“哇噻”声。

10 分钟后，雪停了。“好了，雪也不下了，看也看够了，都回到自己的座位上。”我招呼着同学们。王明边往回走边带着满足的神情朝我点了点头。我随便问了一句：“你什么意思啊?”他说：“老师，你和别的老师不一样。”我来了兴趣：“怎么不一样?”他说：“换了别的老师，如果下大雪，同学们往外看，他一定会把窗帘拉上。”一石激起千层浪，学生纷纷“诉苦”：“我们有时对一件事感到惊奇，老师总是说‘有什么大惊小怪的，都这么大了，还一惊一乍的’。”徐力说：“如果换了别的老师，我那一声‘哇噻’至少换来一个白眼，‘上课走神’的罪名算是背定了。”学生你一言我一语，有的说老师，有的说家长，虽然有些言语过于偏激，但听得出都是肺腑之言。

回到办公室，我想了很多。我曾读过一篇文章，文中说我国的一群小学生到国外观看一场文艺演出，演出过程中，其他国家的孩子都兴奋不已，不时鼓掌，而我国的小学生都表现得“处事不惊”，从不主动鼓掌。是啊，中国小学生的“内心情感”哪里去了？从刚才学生的谈话中我似乎找到了答案，那就是被老师和家长类似于“有什么大惊小怪”的呵斥赶跑了。

好奇，是儿童的天性。也正因为有了好奇，孩子们才有幻想，才有了一系列创造发明。试问，哪一个科学家不对世界充满了好奇心？惊奇，更是儿童的天性，有了惊奇，才会有内心丰富情感的涌动。试问，哪一个艺术家不对世界充满了惊奇？而“哇噻”，正是学生产生了好奇或惊奇而发自内心的真实的声音，“哇噻”何罪之有？

我喜欢学生的“哇噻”声！

礼　物

打开王惠林的日记本，上面只有两句话："老师的北（应为'背'），好湿（应为'温'）暖！今天我真快乐。"虽然有错别字，但我已经感动不已了，我在两个错别字的下边画了横线，在旁边认真地写上了正确的字。我决定还要背着他在教室里转两圈。

话还得从三天前我刚接的新班说起。前天收作业，当我走到王惠林身边的时候，他不仅没有像别的学生一样把日记本递到我的手里，反而摆出一副若无其事的样子。我很惊讶，班长说："老师，从上一年级开始他就不做作业，他是我们班的'自由兵'。"一句话惹得学生哄堂大笑，当时我没有过多理会。下课后，我通过原班主任了解到：他 4 岁时爸爸就离开了家，再也没回来；一年后，他妈妈也外出打工，一年回来一次；他只能和爷爷一起过。也许是智商的问题，也许是心理的问题，从一年级起他就一直沉默寡言，从不做作业，课堂上想学就学点，不想学就摆弄铅笔和橡皮。时间长了，老师也没办法，只有由他去。我听了，既替他感到不幸，又觉得他很可怜，心底还有几丝遗憾。难道我们教师就真的没有办法了？

下午放学后，我让王惠林背着书包来办公室，并请他找出自己的日记本。他从书包的最底层掏出了日记本。他的日记本虽一个字都没写，但本子的角却已经卷了起来，难看得很。我轻轻地把每页纸的角都舒展开，用手慢慢抹平。我发现王惠林一直看着我的手，眼睛一眨都不眨，但我不知道他在想什么。我看着他的眼睛说："你是不是很想爸爸妈妈，很想他们给你一个礼物？如果你今晚写了日记，哪怕就写一句话，明天我就给你一个礼物，这个礼物是你的爸爸妈妈托我捎给你的。""真的？"我看到他的眼睛在放光，高高兴兴地走了。

昨天，当我走到王惠林旁边时，他也像其他学生一样把日记本郑重地交到了我的手上。我翻开一看，在第一页上写着一句话："我向（应为

‘想’）爸爸妈妈。”我鼻子一酸，慌忙把头转向一边。收完作业后，我对学生们说：“今天我要表扬一个同学，他就是王惠林。他昨晚写了作业，以后谁再说他是‘自由兵’，我就和谁没完!”学生们都笑了。王惠林也咧开嘴笑了，笑得很甜。我又说：“今天我要给王惠林一个礼物!”我走到他身边，弯下腰，轻轻说：“王惠林，到我背上来，我背背你。”他一怔，便趴到了我的背上。我说一声“起”，便背着他在教室里转了两圈。转第一圈时，我听到他在我背上咯咯地笑，第二圈时就没声了。等放下他时，我才发现，他已成了“泪人”。我说：“如果你今晚的作业有进步，哪怕多写一句话，我明天还背你!”他朝我深深地点了点头。

我相信，一只雏鸟就要展翅高飞了。

学生的话是一面公平而神奇的镜子

合上王玲同学的作文本，我的心久久不能平静。“侯老师，你好狠心啊。”这句话，像钢针一样刺扎着我的心，我感到很痛，但心痛后又有一丝欣慰掠过心头。

事情还得从昨天的作文课说起。一上课，我刚说“这节课我们写作文”，一声“唉……”便异口同声地从学生口中吐出来。于是，我和学生聊了起来。我问：“你们觉得为什么要写作文？要实话实说。”有的学生说：“因为老师让写。”有的学生说：“作文写得好，可以受到老师的表扬。”我说：“写文章，其实是表达自己情感的一种方式。有时我们心里有好多话想让别人知道，就产生了表达的欲望，如果不表达出来，心里会憋得很难受，有一种不吐不快的感觉，然后就写出来，一吐为快，这就是写作，这样写出来的文章才有真情实感。”有的学生问：“你说的是真的？骂人也行？”我说：“我说的，怎么写都行，你一百个放心，谁说真话谁得分高。”学生很快一个个都动起笔来。

批阅作文时，翻开王玲的作文本，题目是《侯老师，你好狠心啊》。这句话一下子映入了我的眼帘，我心里一惊，迫不及待地读下去。原来，她写的是春天我和学生们开展课外实践活动的事。

她在文中回忆说：“在弥河边游玩时，你捉到了一条小鱼，竟然装在了刘力的易拉罐里。你应该知道，刘力可是出名的‘调皮大王’啊！这条鱼落到了他的手里，命运可想而知了。幸亏我最后死皮赖脸地向他要了过来，放回了小河，不然那条小鱼必死无疑。”当时，我确实捉到了一条小鱼，但怎么处理的，早就忘干净了，没想到她竟然记得这么清楚。

她还在文中说：“侯老师，你教我们学《雪猴》《海豚救人》这些课文时，说‘动物是我们人类的朋友，我们一定要保护它们’，平时，你也经常说‘有些人随便杀害动物，我们可不要像他们一样’。说得多好啊，可你自己做到了吗？你怎么能这样对待那条小鱼呢？它不也是有自己生命的吗？侯老师，你好狠心啊！我真搞不懂你怎么会这样。”读到这里，我的脸在发烧，我为自己的行为感到内疚。她说得多好啊，一针见血，真是童真无价！她还说：“如果不是你今天让我们说心里话，我保证不会把这件事说出来，也感谢你给了我这个说真心话的机会，我喜欢这样的作文。”为什么孩子平时写作文时咬着笔头没话写呢？今天，我终于找到了答案。

在作文评析课上，我在班上读了王玲的作文，并走到她身旁，郑重地对她说：“对不起，那一次老师真的做错了，谢谢你对老师的提醒和帮助。”我还立下了一个规矩：“写作文就是想怎么写就怎么写，想写什么就写什么。以后谁也不准说心里不想说的话。”同学们听得那样投入，王玲更是听得入了神，在她那双大而明亮的眼睛里，分明有真情的泪光在闪动。

童言无忌。学生的话语，就是一面公平而神奇的镜子，老师们，请珍视！

特殊的礼物

“今年的‘三·八’妇女节我过得最快乐了。侯老师，感谢你给我和孩子带来了这终身难忘的幸福时光。”家长的这些信我已读了好几遍，但每次读的时候，我的心情都无法平静。

事情还得从3月4日说起。那天，我无意中读到冰心的《雨荷》，写的是作者看到荷叶为荷花挡风遮雨，想到母亲呵护自己的事。整篇文章充满了对母亲的无比感激之情，尤其结尾的“母亲呵！你是荷叶，我是红莲。心中的雨点来了，除了你，谁是我在无遮拦天空下的荫蔽?”几句令我非常感动。我很想跟学生们分享自己的感受，于是，我们在3月5日学了这篇文章，学生也都深受感染，并产生了深深的共鸣，同学们谈感受时都深情地回忆了妈妈平时对自己无微不至的关爱。那么，有的学生说，很快就是“三·八”妇女节了，建议同学们给妈妈送点礼物，以表达自己对妈妈的爱。送什么呢？最后，班长刘明的提议得到了大家的一致认可，那就是送妈妈一首小诗。

于是，大家决定利用两天的时间，每人写一首送给妈妈的小诗。

3月8日的语文课上，学生们互相交流了自己写的诗。他们的想象力非常丰富：有的学生把妈妈比作太阳，比作天空，比作大海；把自己比作花草，比作小鸟，比作鱼儿。虽然诗句的内容五花八门，有的语句也不是很通顺，有的甚至还称不上是诗歌，但无不表达了对妈妈的一片赤子之心，都浸透着对妈妈无尽的爱。王晓涵的诗是这样写的：“是谁，给了我生命？是谁，给我提供了衣食住行？是谁，给了我战胜困难的力量？是你，我亲爱的妈妈……啊，妈妈，你的脸庞，你的双手，你的目光，你的叮咛，都是我心中最亮丽且跟随我一生的风景！”当她在班上朗读这首诗的时候，我看到许多学生眼里都闪动着晶莹的泪光。

中午回家，学生们都把自己写的诗读给了妈妈听。

下午课间，侯华对我说：“我刚读了‘妈妈，请听我写给你的诗’，妈妈就哭了。”李壮壮也说：“我读完诗，又说‘谨以此诗献给我最亲爱的妈妈’，妈妈就走到阳台上去了，原来她在阳台上抹眼泪。”确实，当家长听到孩子读起写给自己的小诗时，她们那种激动的心情作为母亲都能想象得出；妈妈坐着，她的孩子在读送给她的小诗，那种感人的场面每一个人也都能想象得出来。学生都说，今年的“三·八”妇女节自己给妈妈送了最好的礼物，而家长在给我的信中也说，今年的“三·八”妇女节收到了最好的礼物。

是啊，除了诗，除了学生用心写出的诗，还有什么礼物能承载如此厚重的母子之情呢？

“透明胶”事件

这一节是作文课，我想让学生写一次活动过程。“指导什么活动呢?”进了教室我还在想这个问题。这时，我看到墙上有一张手抄报破了，想借用李红同学的透明胶粘一下。当她把透明胶递给我时，我眼前一亮，这个透明胶设计新颖，就像一个哨子，与众不同的是，“哨口”上安装了一片锯齿形刀片，拉住胶纸，想让它在哪里断开，往刀片上一蹭就行了。

我和学生们向来对新生事物都比较感兴趣，也曾讨论过胶纸不好拽断的问题，但是有人已经把这个难题解决了。我灵机一动——作文内容有了。我举起透明胶，让学生观察它和平常见过的透明胶的不同之处，又让学生谈自己的想法。学生们想到了现实生活中的一个个小难题，想到了“带橡皮的铅笔”“双层磁铁擦玻璃刷”等一件件小发明，想到了一个个发明家和科学家，甚至还想到了电视节目“奇思妙想”和“超级变变变”。学生思维之广阔，发言之精妙，让我刮目相看。趁热打铁，我让学生以“由透明胶想到的”为题写一篇作文。很快，一篇篇想象大胆、旁征博引的作文便呈现在我的面前。吕志东说：“发明并不是高不可攀的，关键是要做生活中的有心人，说不定什么时候就来了灵感。”陈小明说：“遇到一种新事物，在用它的同时也要研究研究它，这也是一种学习。”还有很多同学想自己发明一些东西，万军荣想把黑板变成“101 写字板”式的，“不用粉笔，更没有粉尘了”；赵健勇想把电视机设计成四面能看的，晚上一家人就不用争遥控器了；就连我们班学习最差、人称“逍遥派”的李力也想发明一种“简易日光灯除尘器”——每次大扫除时都是李力爬上爬下擦日光灯，大概他也爬烦了，想节省一下力气。

乘胜追击，我让学生在周末进行手工制作，可以把自己的想法变成现实，也可以进行别的设计。李力同学在一根长木棍的顶端绑上了两条厚厚的铁片，铁片是扁的，下端往外分，呈“V”型，中间再往里弯，就像木棍上面长了两只“弯角”，上端内里粘上了一层粘布，便成了“简易日光灯除尘器”。我走进教室时，他正演示给同学们看呢！我拿过来一试，果然很好用，人站在地上，把它的两个“角”分别卡在日光灯罩上层的两端，然后开始移动，等从罩的这端移到另一端时，灰尘就全部粘在粘布上，随后把粘布洗一洗就行了。我说：“谁说咱们李力同学不聪明，你们看李力同学不是我们班第一个发明家么?”他咧开嘴笑了。学生们围上来，争着要试一试，有的同学围着李力问这问那，那一天是李力最快乐的一天，以前的他从没这么开心过。从那天起，李力上课开始专心听讲了，对作文也有了兴趣。直到今天，打扫卫生时，“简易日光灯除尘器”都是我们必不可少的卫生工具。还有，刘平做了快速冷饭勺，王萍萍做了防烫筷子，等等，创意都不错。我还是不罢休，又让学生把这次制作过程写下来，没有过多的指导，同学们写的内容都十分具体，这又是一次成功的习作练习。

这一连串的事情都是由一个小小的透明胶引起的，且称“透明胶事件”吧！我想，只有不失适机地捕捉那些稍纵即逝的教育教学机会，才能在师生心灵之间碰撞出智慧的火花。

共守心中的秘密

春节过后，凯岳同学的妈妈给我拜年时，有句话让我感觉很纳闷儿，她说："没有老师的培养，凯岳是不可能连续四年被评为'三好学生'的。"我当时一怔，但没有多说什么。年前几个星期，凯岳和其他班级的几个学生总在一起玩儿，学习成绩也有所下降，我曾找他谈了两次话，但收效不大。因此，放假时就没有给他发"三好学生"的奖状，一是他的学习确实有些落后了，二是想让他受一下"刺激"，争取"改邪归正"。当时，我把手中的奖状发完却没有念到他的名字时，他眼神中流露出的那种失落和痛苦是明显的，眼睛里甚至还有隐隐约约的泪光。因为他已连续三年被评为"三好学生"，他此刻的心情可想而知，而这也正是我想要的效果，但愿他能惊醒，开学后能"迷途知返"。现在怎么会冒出"他连续四年被评为'三好学生'"一说呢？我猜他一定是告诉家长自己又被评为"三好学生"了，真是一错再错。是可忍，孰不可忍？那么，他是怎么弄到奖状的呢？这个问题让我几天来百思不得其解，几次拿起电话想问个究竟，想让他妈妈知道真相，但多年的班主任经验还是让理智战胜了冲动，我最终还是放下了电话。我想，等开学后，一切总会水落石出的。

开学后，我把凯岳叫到了办公室。我没有直接揭穿他，而是漫不经心地说："这个假期过得怎么样？家长和亲戚朋友有没有问你今年为什么没发到奖状？"他只是望着自己的脚尖，以前的他可不是这样的。他是我们班的佼佼者，也是我的得意门生，总是充满自信，和谁谈话都是眼睛盯着对方，包括我。看来，今天他是"做贼心虚"了。他低着头，一言不发，我又问："没发奖状的滋味如何？"他还是一声不吱，只是泪珠滴答滴答不住地往下落。"怎么啦，你是不是有什么事瞒着家长？"他突然抽泣起来，跑出了办公室。我忽然感到自己的心像被什么扎了一下。我深深地自责——他已经够难受了，我为什么还要略带嘲笑地逼问他，为什么还要在他的伤口上撒盐？我开始变得忐忑不安，怕他那脆弱的心灵受不了这种刺激。也就在那一刻，我一下子明白了他为什么千方百计要糊弄家长，他怕辜负了家长的期望，他是受不了家长、亲戚朋友和伙伴们的追问和冷嘲热讽。仅仅因为贪玩就要让一个只有 12 岁的孩子付出如此沉重的代价，未免太残酷了！想到这里，我出了一身冷汗，幸亏没有向他妈妈揭穿他的谎言，否则，真不知会闹出什么事来。

在办公室里，我给他写了一封信。信里道："对不起，我在不经意间伤害了你。但请你相信，我绝对不是故意的，请你原谅。其实，你的心情我理解，但无论怎样，这都不能成为你欺骗家长的理由。也许用'欺骗'这个词有些过分，这也许只是你的一个善意的谎言，想抚慰家长。想法很好，但手段不合适。俗话说：'不进则退。'你因为贪玩致使成绩下降，就必须付出代价，这是每个人都应面对的人生规则。每个人都要面对现实，要想改变现实，只能凭借自己加倍的努力而不是走歪门邪道。应该说，这个秘密带给你的只是苦涩，但如果你能从此发奋努力，让这件事成为你人生路上的一个警示，使你的人生多一份睿智和警醒，从这个角度说，它又何尝不是甜蜜的呢？要知道，坎坷也是人生的一笔重要财富。如果你信任我，我愿意和你一起守住这个秘密，圆你这个苦涩而又甜蜜的谎言。但有一个条件，那就是你必须用更多的汗水换来一张真正的'三好学生'的奖状，做一个名副其实的'三好学生'。好好考虑一下，老师盼望着你的答复。"我把信夹到了一本名为《爱的教育》的课外书里，放学时，顺手把书递给了他。

第二天下课后，我故意把书落在了讲桌上。走出教室后，我对一个学生说："让凯岳把我的教本拿到办公室。"我在办公室里静心等候，一会儿，凯岳进来了，他还是不敢看我，只是轻轻地说："老师，你的书。"放下书，他就出去了。我迫不及待地打开书，不出所料，里面夹着一封信，足足写了两页纸。他在信中写道："我在四岁时就失去了爸爸，妈妈给人看货摊挣钱租房子供我在城里上学，我很想让妈妈每天都高兴。如果我拿不回奖状回家，妈妈一定会伤心的。那几个孩子总是买我从来没吃过的好东西，让我帮他们做作业，还买票带我去公园，我管不住自己，真是后悔极了，以后我再也不浪费时间了。感谢老师为我保守秘密。老师，相信我，我一定不会让你失望的。"我也终于弄清了他的假奖状的来历。原来，这都是那几个孩子的鬼主意，他们偶然看到学校服务部的柜台中有一张写着“三好学生”的奖状，便出钱买了下来送给了凯岳。凯岳的妈妈不识字，只是看着和原先的奖状差不多，也没有注意到奖状上没盖学校的公章。于是，他们的阴谋就“得逞”了。都说小孩子犯错误，连上帝也会原谅的，既然凯岳知道了自己的错误，决心改正，我除了为他保守秘密、给他祝福外，还有什么好说的呢？

新学期开学以来，正如他自己在信中所写的一样，凯岳又像以前那样刻苦学习了。我相信，通过这件事，他会成熟起来。正如一只雏鹰一样，不经历风雨，怎能成长为翱翔蓝天的雄鹰呢？这个苦涩而又甜蜜的谎言，成为我和他心中永远的秘密。

给学生拜年，温暖在心田

“嘟、嘟、嘟”，刚要用电话给朋友拜年，电话铃声响起，我拿起电话，就听见“侯老师，过年好!”一个稚嫩又略显羞涩的童音从电话中传出。我忙应答：“好，好，你是……”“我是刘一凡。”“噢，过年好，过年好!”“老师，祝你新年快乐!”“谢谢，谢谢!”怀着愉悦的心情给朋友打完电话后，“嘟、嘟、嘟”，电话铃又响了起来……在短短 1 个多小时的时间内，我竟然接到了 18 个学生的拜年电话。往年也曾接到过学生的拜年电话，但只有一两个，没有想到今年接到这么多，我有点受宠若惊。看来，这与前段时间我们班搞的“心连心——让电话成为我们的连心桥”活动有关，我和学生都互相记下了各自的电话号码，平时也经常进行电话联系，学生有什么知心话，有什么悄悄话，都愿意与我通过电话聊一聊，电话成了我和学生进行沟通的桥梁和纽带。今天它就把学生的祝福传给了我，让我心里暖暖的。“哎，干脆中午先不出去拜年了，说不定还会有学生打过来呢。”我静静地坐在电话机旁，任温暖的感觉在心头轻轻荡漾。

等了一会儿，心中突然一动：是学生给自己带来了今天的好心情，我何不把这好心情也送给自己的学生呢？心动不如行动，我马上找来学生家的电话号码。第一个号码是王明家的，我拨通了电话，“喂，是王明家吗？……噢，你就是，过年好！我是侯老师，祝你在新的一年里天天快乐，学习进步!”“谢谢老师！我……我……也祝你……祝你……工作顺利!”“谢谢，再见。”“老师再见!”电话那边的声音明显带着急促的喘息，我想这一定是激动和兴奋造成的，当然，更多的是意想不到。第二个是冀晓涵家，我拨过去：“喂，是冀晓涵家吗？……噢，你是她妈妈，我是第二实验小学的侯忠彦，想给你们拜个年，祝你们全家幸福，特别是祝冀晓涵同学天天快乐!”“哎呀，是侯老师，你想得可真周到啊，谢谢，真是太谢谢了！我一定告诉晓涵，现在的老师就是好，再见!”全班除了给我拜过年的 18 个学生外，其余的 31 个家中只要安了电话的学生我都打了拜年电话，共打通了二十几个。刚开始的几个都只是互相祝福几声，后来的谈话内容就越来越丰富，我询问了学生完成作业的情况，各自的兴趣、爱好以及在家中的活动，等等。有的学生在完成了家庭作业后，想自己搞点活动，请我指点一下；有的学生在搞社会调查时遇到了一些问题，请我帮助解决；有的学生问我积攒的压岁钱怎么花最合适，让我参谋一下；有的学生甚至和我谈起了过春节等传统风俗的由来。

放下电话后，我再一次被浓浓的温馨感包围着。“老师，我早就想给你打电话了，放假都快十天了，怪想你的。”“老师，年前你到济南学习，学得好吗？很多同学可都挺想你呢！”“老师，过年挺累的吧，你要保重身体啊！”刚才电话中学生的声音久久萦绕在我的脑海中。我突然觉得，我现在就是天底下最幸福的人，因为我拥有天底下最纯洁、最真诚的祝福，享受着天底下最无私、最动人的真情。

开学第一天，当我走进教室时，全班59个学生一起站了起来，齐声喊道：“老师，过年好！祝你心情愉快！”我兴奋得几乎要晕过去。翻看学生们的假期日记，除了没通电话的学生外，其余学生都写了关于师生拜年的事，大部分学生写了类似的话：“我真没想到侯老师会给我拜年，我激动极了，这个春节是最令我难忘的一个春节了！”

孩子们啊，何止是你们，对于被你们尊称为“老师”的我来说，这也是三十几年来最难忘的一个春节了！因为我深深体会到：给别人快乐，自己才是最快乐的，而学生的快乐就是我最大的快乐！

“坐着”和老师聊天的感觉真好

“‘请坐，咱俩聊一聊’，侯老师的这句话真让我感到又惊讶又激动，以前还从没有一个老师让我在办公室里坐着说话。坐着和老师说话的感觉就是不一样！老师都让我坐下了，我还有什么话不能敞开心扉说呢？今天真是难忘的一天，坐着和老师聊天的感觉真好!”读着李凯同学的日记，有一种叫作幸福的东西在我的心底慢慢荡漾开来。其实，几年来，有十几个学生描述过同样的感受，每次都会让我的心灵经历暖流的冲击，而每次我都会想起自己享受到惊讶和激动的感觉的那一刻。

那是我读小学五年级的一天，教我们语文的邱老师把我叫到了办公室，他说：“侯忠彦，你坐下，咱俩聊一聊。”我有点丈二和尚摸不着头脑，学生到办公室从来都是站着的，哪有和老师平起平坐的，我不知道邱老师葫芦里卖的什么药，坐也不是，站也不是。邱老师又诚恳地说：“侯忠彦，你坐下，随便一些。”并顺手拉过来一把椅子，我不安地试探性地用半个屁股坐在椅子上。邱老师说：“侯忠彦，你是一个十分听话的学生，平时负责开教室的门，总来得那么早。你写的字也总是工工整整的，就像书上印的一样。”我觉得脸在发烧，我知道那是兴奋的缘故，我很激动，心在怦怦跳。邱老师还说了很多话，我的话很少，只是他问一句我答一句。最后他说：“明天我要调走了，我觉得你是一个知道用功学习的孩子，以后无论哪个老师教你们，你都要认真学习。”泪水在我的眼眶里打转，我觉得有千言万语要对邱老师说，但木讷的我当时竟一个字都没有说出来，只是重重地点着头。多少年来，教过我的老师有十几个，但邱老师给我留下的印象最深刻，或许与他那次让我“坐着”和他聊天有关系。他的话一直在我的耳边萦绕，激励着我努力学习，直到今天。

现在，同样为人师的我，每个学期会与所教的每个学生至少单独聊一次，有的甚至三四次。“请坐，咱俩聊一聊”是学生到办公室后，我说的第一句话。通过“聊一聊”，我和学生之间的鸿沟几近消失，有的学生一开始会感到“受宠若惊”，时间一长，还会主动到办公室找我聊，有的学生一到办公室就自觉地随便坐下，我总会心一笑。

记得有一次，一个叫王志鹏的学生放学后主动到办公室来和我聊天，他的脸阴得很，说着说着竟哭了起来。在断断续续的哭声中我知道了他家的一些情况：他爸爸上小学时学习很好，但由于家庭贫穷等原因没有接受更好的教育，而现在又没有好的工作，心性很高的他到处碰壁，在外面不顺心就把气撒在王志鹏和妈妈身上。他三天两头打骂王志鹏，前一天又因为王志鹏没有及时做作业而大打出手。王志鹏挽起袖子让我看，胳膊上果然有一处瘀青。最让人震惊的是，他竟说道：“我恨我爸爸！”聊着聊着，王志鹏突然说：“不行，我得回去了，回去晚了爸爸会打我的。”说完就急匆匆地走了，我不放心，就跟在他后边。果然，我们刚出校门，一个五大三粗的男人窜过来，抓住王志鹏的衣领就打，还大声说：“你怎么又出来晚了？”岂有此理！我一下子把王志鹏拉在身后，说：“我是王志鹏的班主任，你为什么打他？”显然，王志鹏的爸爸这时也有点不好意思了，他说：“和你在一起就好，我被这个孩子骗怕了。”在办公室里，我和王志鹏的爸爸进行了一次长谈。他说出了王志鹏的许多缺点，我说：“那你说说王志鹏的优点吧。”他好像以前从没思考过这个问题，支吾了半天也没说出什么，我倒说出了不少，他说：“我怎么以前就没有注意到呢！”我又说：“说说你在教育王志鹏方面的问题吧。”他说：“我辛辛苦苦在外面挣钱容易吗？我供他上学，有什么问题？”我说：“你最大的问题是不了解自己的孩子，也不理解自己的孩子。”我们谈了很多，最后他说：“看来打孩子是不对的。”此后，我们又谈过许多次。在我的引导下，他开始以书面形式和王志鹏沟通，承认自己以前有些做法是不对的。王志鹏在给我的信中说，写信成了他们爷儿俩最好的交流方式，他已经攒了 20 多封爸爸写给他的信了。他说爸爸再也不打他了，他也很爱自己的爸爸。我还动用学生家长的力量，请一个当经理的学生家长给他爸爸找了一份工作，现在他的工作也一直挺好的。有时，听王志鹏说他和爸爸现在经常坐下来聊天，有时看着他和其他学生给我寄的明信片，我就禁不住想：坐着和学生聊天，让心与心的距离更近了，感觉真好！

是啊，我们总让家长和孩子多进行交流沟通，但我们当老师的又真正和学生交流沟通了多少呢？我们总标榜自己是学生的朋友，大谈师生平等，也总用“蹲下身子和学生说话”等语言来要求自己，但有多少次真正让学生坐下来和自己随便聊一聊呢？我想：当老师的，能让学生坐下来和自己聊一聊，这本身不就说明自己和学生是平等的吗？

让学生坐着和我聊一聊，成为我打开学生心扉的一把“金钥匙”，成为我受学生欢迎的法宝。教师们，难道你们不想拥有这把“金钥匙”吗？

勇敢地迈出第一步

“请勇敢地迈出你的第一步!”我微笑着说。而学生却你看看我，我看看你，就是不肯往讲台上走。我又说:“我送给同学们两句话，一句是‘走自己的路，让别人说去吧’，一句是‘走在别人前面，可能拾到金子，走在别人后面，拾到的只能是别人的脚印’。”沉默了一会儿，班长王力终于举起了手。“好，请你上来。”他走上讲台，表现倒也很大方。“我想写二年级时一位高年级的同学帮助我的事。”说完这句话，他想下去。“能不能说得再详细一些?”我用期望的眼神看着他。“我在放学的路上被石头绊倒了，那位同学掏出卫生纸给我擦干净了血，还扶我回家。”他又补充道。“好，说得不错。”我说，“还有谁要说?”学生面面相觑，又是沉默。一会儿，平时就挺爱发言的刘建强举起了手，我示意他走上台。“一次，我跟妈妈去亲戚家，他家死了人，人家都很悲伤，我却拿着他家的饼干吃个没完，被妈妈打了一顿。”“好，也不错。”

接下来又是沉默，有的学生低着头，有的学生表现出冥思苦想的样子。我知道，如果现在让他们开始写，保证谁都能很快写出一篇作文。接触这个班已经有一个多月了，我发现这个班的学生其他方面都好——作文写得好、考试也行，可就是胆子太小，上课不敢举手回答问题，即使回答问题，声音也太小。我经常鼓励他们要增强自信心，要敢于发表自己的意见，但收效甚微。因此，我想利用这节作文课来锻炼一下学生，“逼”他们勇敢地迈出第一步，克服自卑或惧怕的心理障碍。我曾了解过，他们不敢回答问题，主要是因为怕答错了被老师批评，怕同学们笑话，真可谓“前怕狼后怕虎”。就拿今天下午的作文来说吧，题目是“难忘的……”，按理应该是很容易的，平时的小练笔都比这个难多了，学生也写得很好，只是他们不敢说而已。

沉默维持了足有 5 分钟的时间。有的学生看看我，再看看其他同学，还抬抬屁股，就是不敢站起来。看到这种情形，我说："就这些人你也怕，那你以后怎么生活？你看人家主持人、歌星、影星，什么时候也不紧张，那是锻炼出来的。希望你勇敢一点，再勇敢一点，战胜自己就是胜利。"这句话确实管点儿用，又有3个学生举手走上讲台。

我和学生交了"底"："今天下午每人都得上台说一说，谁说完了谁写。"看来不"逼"是不行的——有10多个学生上了台，还有一半没动。我说："现在抢上，我说'开始'，没上台的同学就自己抢着上，抢不到前20名的挨罚！预备，开始！"听到这些，学生"呼啦"一下上了台，我让他们一个一个来说，虽然有的学生看起来很紧张，有的说得磕磕绊绊，但都说了自己想写的内容。

只剩两个学生没上台了。我问他们："谁先上？"韩晓明看了看张政，慢慢地站起来，走上了讲台。我摸摸他的胸膛，心跳得很快。我说："不用紧张，都是自己的老师和同学，朝夕相处，有什么可害怕的？别人不会笑话你的，只会为你高兴。同学们，是吧？"学生都鼓起掌来。韩晓明终于鼓足了勇气，说出了自己要写的内容。

最后只有张政没上台了。我走过去，拉起他的手，缓缓地走上讲台，学生又为他鼓起掌来。虽只有一句话，但他最终还是说出来了。

我相信，学生勇敢地迈出了第一步，就会有第二步、第三步，就会勇敢地走下去。教师，就应该是学生人生的引路人。

“九岁比五岁时步子大了一倍”不准确

“‘九岁比五岁时步子大了一倍’不准确。”昨天我们学了《科利亚的木匣》一课，今天刚一上课，王志同学就举手说了上面的话。我让他具体说说，他说：“《科利亚的木匣》有这些话，‘木匣是我四年前埋的，那时候我还小，步子也小。我现在九岁啦，步子比那时候大了一倍，所以应该量的不是十步，而是五步，你们看，我马上会找到我的木匣子。科利亚量了五步，又动手挖起来，不多一会儿，他果然找到了木匣子。’我表妹刚好五岁，昨天晚上我量了一下，她走一步两脚心中间的距离是 34 厘米，跨一大步 48 厘米，我正好九岁，自己走一步 47 厘米，跨一大步 68 厘米，根本不是课本上说的‘大一倍’。”

我很吃惊。课下通过实地测量，果然如王志所说。自己教这篇课文几年了，却从没注意过这个问题，没想到王志同学会有这样的心思。我们总让学生学会质疑，看来，当老师的更要学会质疑才对。又上课了，我肯定了王志的意见，并表扬了他的质疑精神，并询问所有学生：“怎样解决才好呢?”有的学生说把课文改成“我现在九岁啦，步子比那时候大了许多”比较好，有的说可以和编辑部联系一下。我想，这就有点探究性学习的味道了吧。看来，学生心中都有探究性学习的种子，只是需要教师进行引导，及时肯定罢了。

拿过来！没收！

今天第二节课，我给学生范读《匆匆》一课，正读得激情高昂、自我感觉良好时，杨鹏的桌洞中传出“呜呜呜”的警报声，声音虽不算大，但此时此刻让人听起来感觉那么刺耳，惹得学生都哈哈大笑起来。我顿时火冒三丈，昨天下午开班会时才反复强调不准拿与学习无关的东西到学校，不要干扰别人的学习，等等，简直是“顶风作案”，是可忍，孰不可忍！我快步来到杨鹏的身边，喝道：“拿过来！没收！”杨鹏迟疑地看着我，他就是“不见棺材不落泪”的主，要是换了别的学生早就主动交出来了。“快点！”杨鹏看我真生气了，才慢吞吞地从桌洞里掏出了一样东西，我一拿，又“呜呜呜”地响起来，还吓了我一跳。学生又是一阵大笑，我一看，上面写着“震动报警器”三个字，我把开关关上，放进了自己的口袋里。

“小不忍则乱大谋”，还是接着读课文吧。我重新酝酿好感情，就在自我感觉“渐入佳境”时，口袋里的手机又响了。又有几个学生小声笑起来，这时，一个分贝很小但在我听来不亚于惊雷的声音从杨鹏的嘴中传来：“拿过来！没收！”他是在模仿我刚才说的话，我的脸有些发热。我一手端书，一手从口袋里掏出手机，是谁的电话都没看，一下子关了机。继续读课文，可这时的我已没有了刚才读课文的激情，嘴里读着课文，脑子里在想该怎样处理这件事。从办公室出来时还想着关手机，怎么就忘了呢？自己可是经常在学生面前标榜“心里装着学生，一切为学生着想”，并把课前关手机这个习惯当作自己的一段佳话，这一次可真是“毁了一世英明”。想来想去，最后决定，还是把评判的权利交给学生吧。

下课前的几分钟，我掏出手机，放在讲桌上，对学生说：“刚才杨鹏带报警器上课，是不对的，可以说，他经常带与学习无关的东西来，几次扰乱课堂秩序。”我对杨鹏说：“杨鹏你说，我说的对不对？”他点了点头。我接着说：“所以说，他的报警器是要没收的，要上交学校。而我课前忘了关手机，也是不对的。同学们说该怎么处理吧。杨鹏的意见是要没收，如果同学们同意，就让班长代替同学们把我的手机没收，上交学校吧。”学生们你看看我，我看看你，都没有发言。我说：“大家讨论讨论吧。我先回避一下。”我走出了教室，这时，教室里传来学生的讨论声。两分钟后我回到教室，这时班长王明力站起来说：“老师处理同学们的错误时都说有‘再一再二，没有再三再四’，你也经常对我们说‘允许你们犯错误，但决不允许你们在同一个地方犯相同的错误’。其实，在课前关手机这件事上你已经做得比其他老师好多了，我们很佩服你。同学们也都说，今天这件事还是按你平时教育我们的办法来解决，你是第一次忘了关手机，就警告一下吧，希望老师以后记得课前关手机就行了。”我问：“这是大家的意见吗？同意班长发言的请举手。”学生们都举起了手，连杨鹏也举起了手。我说：“谢谢同学们给了我一次改正错误的机会。”学生们竟然都鼓起掌来，我觉得，这是我得到的最好的掌声。

我爱我的名字

今天的班会做些什么呢？看到学生作业本上的名字，我灵机一动：有了！

一上课，我就问学生："什么东西是你自己的，但你用得最少，别人却用得最多？"学生七嘴八舌地回答，但都不对。我说："那就是你自己的名字。"学生们恍然大悟。我又说："你们的名字，说来用的时间也不算短了(学生都笑起来)，但有谁研究过自己的名字？（学生都很茫然的样子）爸爸妈妈为了给你起一个好名字，可能把字典都翻阅了几遍，甚至还会请人帮忙，可以说费尽了心思。所以说，每个人的名字都包含着父母的无限期望，蕴含着父母的浓浓爱意。比如说我的名字吧，'侯'是姓，'忠'是辈分，'彦'古指有才学、德行的人。看来，我的父母希望我成为一个有学问、品德高尚的人，但我的学问一般，德行还说得过去，与父母的期望有很大的差距，所以，每当想到自己的名字，就会觉得不安，就提醒自己要努力提高各方面的修养，争取不辜负父母的期望。现在，你们也研究一下自己的名字，看看其中蕴含着父母怎样的期望吧？"

听了这话，学生来劲了，有查字典的，有讨论的。我先让学生在小组内交流，又在班上交流。王岩松说："我想，'岩松'就是长在岩石上的松树，看来父母希望我像岩石上的松树一样坚强，不要太娇嫩。"李若凡说："'凡'就是'平凡'的意思，而'若'就是'好像'的意思，连起来就是'好像很平凡'的意思。我想父母是希望我做出一些成绩，做一个优秀的人才，不要太平凡了。"谭杨说："我爸爸姓谭，妈妈姓杨，所以叫我'谭杨'，好像并没有什么用意。"我说："谁能帮着他分析一下父母的心意？"通过讨论，谭杨懂得了：父母是希望把优点都集中体现在他的身上，而两人没能实现的愿望希望谭杨能够实现，希望自己就是父母生命的延续。这样，每个学生都体会到了自己名字中所蕴含的父母的期望。

接着，我又把活动引向了深入：“想想你是不是按照父母的期望做了呢?”学生沉思后，有的说自己做得挺好的，有的说做得还不够，有的说做得很不好。最后，我又让学生说了说怎样做才能不辜负父母的期望。从学生的话语中明显能听出他们对父母的感激和爱。

我想，创设恰当的情境让学生体验人间纯洁的情感，能受到高尚情操的教育的班会才是好的班会。

用智开启学生心灵 二

教育是充满智慧的艺术。机智的教学，可以把偶发事件都弥合在行云流水般的教学活动中，达到天衣无缝的妙境，甚至在“山穷水尽”的关头，也能急中生智地顺水推舟、化险为夷，迎来“柳暗花明又一村”的喜悦。因此，面对教学中的突发事件，我总会运用教学灵感使结果向有利于学生成长的方向发展。当然，这点教学灵感就来自于教师的智慧，也彰显出教师的宽容。

生活时时有学问，身边处处皆资源。教育资源的开发更需要教师的智慧。在我的教学中，童话是教育资源，格言是教育资源，手中的教鞭是教育资源，连侄子掉进了厕所这件意外之事也顺手拈来、点石成金，使之成为不可多得的教育资源，并能收到意想不到的教学效果。

我努力使自己成为有智慧、有激情的教师，左手用丰盈的智慧为学生的心灵点灯，右手用饱满的激情与远行的幸福牵手。用一个个教育“金点子”，点点滴滴的激励，如一盏盏智慧之灯，为学生导航，引领学生前行。我始终活跃在学生当中，用机智风趣和真诚感人的言行走近学生心灵，不断激励学生走向成功。我把欢乐带给学生，把惊喜送给家长，把智慧留给学校，满怀激情抒写着诗意人生。

与爱牵手，与智慧同行。我将努力做到，用智慧开启学生心灵，让学生享受教育生活的完整和幸福。

两个"联手"：提高奖状激励效应

又到了年终，是该给学生发奖状的时候了。近几年，各学校都十分重视对学生评价的多元化，年终不仅会评"三好学生"和"优秀少先队员"，还会评"优秀学生干部""小小艺术家""小小书法家""文明少年"等，力争让每个学生都能体验到成功的快乐，真正做到"人人有才，人无全才，扬长避短，人人成才"。其中有一点值得注意，那就是奖状都是学校早已印好的，班主任只要填上学生姓名即可。虽然看起来既规范又整齐，但却忽视了班级文化的个性，扼杀了班主任班级管理的创造性。

因此，从去年开始，我就对发奖状这件事实行改革，并收到了很好的效果。

一是印制奖状与空白奖状"联手"，即建议除了发学校统一印制的奖状外，还要给每班发几张空白奖状。这样，奖状既有学校统一打印的，也有班主任手写的；既有规定同一内容的，也有班主任根据班级实际情况创造性发挥的，诸如进步之星、劳动之星、孝敬之星、路队之星、管理之星、团结之星、卫生之星、爱心之星等。

二是奖状与喜报"联手"，即对特别优秀的学生发奖状，对也有值得肯定之处的学生发喜报。因为学校发的奖状数量有限，喜报就由班主任自己手写即可。我设计的喜报样式为："________同学：本学期在________方面进步了许多（或表现良好），特发喜报，希望以后更加努力。老师签名：________。"这样就扩大了激励面，肯定了每个学生的优点，让每个学生都能高高兴兴地过个年。

总之，两个"联手"更符合每个班级的实际情况，使班级管理更人性化，也能最大限度地发挥奖状的激励作用。

故事，润泽学生心灵的鸡汤

想想我们的班会，经常是老调重弹，说些品德教育、卫生、纪律等等。每次班会都强调这些，按理说学生应该很懂事了，但为什么学生仍然记不住，依旧我行我素呢？想想我们自己，小时候老师讲的很多知识大多都没有印象了，而对老师讲的一些小故事却记忆犹新。看来，空洞的说教更多时候会让人厌烦。因此，当班主任十多年来，我总爱在班会上给学生讲一些小故事，而小故事也成了提高班会效果的良方，成了润泽学生心灵的鸡汤。

进行爱国主义教育时，我讲《钱学森回国》的故事；学生不愿做值日，我讲《一屋不扫，何以扫天下》的故事；有的学生乱扔废纸，我讲《捡纯净水瓶》的故事；学生往往只看到同学的毛病而看不到同学的优点，我讲《透过玻璃看衣服》的故事；为了让学生有爱心，我讲《大学毕业生应聘》的故事；很多学生动不动就生气，我讲《围房子转圈》的故事；针对学生内心浮躁的问题，我讲《捡谷穗》的故事；有的学生不能正确处理同学之间的关系，我讲《写在沙滩上与刻在石头上》的故事；很多学生不遵守规则，我讲《闯红灯》的故事；有的学生害怕有压力，整天不是说累就是说烦，我讲《负重，才不会跌倒》的故事……

最近，我针对学生不善于从生活中发现问题的现象，给他们讲了《姆潘巴的物理问题》。这个故事发生在 1963 年，坦桑尼亚马干巴中学的三年级学生姆潘巴经常与同学一起做冷饮吃，他们总是先把鲜牛奶煮沸，加入糖，等冷却后倒入冰格中，再放进冰箱的冷冻室内冷冻。因为学校里做冷饮的同学多，所以冷冻室的空间一直比较紧张。有一天，当姆潘巴来做冷饮时，冰箱冷冻室内放冰格的空位已经所剩无几了，姆潘巴急急忙忙把牛奶煮沸，放入糖，等不及冷却，立即把滚烫的牛奶倒入冰格里，送入冰箱的冷冻室内。过了一个半小时，姆潘巴发现他的热牛奶已经结成冰，而其他同学的冷牛奶还是很稠的液体，这个现象使姆潘巴惊愕不已！他去请教物理老师，为什么热牛奶反而比冷牛奶先冻结？老师的回答是：“你一定弄错了，这样的事是不可能发生的。”后来，姆潘巴进了伊林加的姆克瓦高中，他又去向物理老师请教：“为什么热牛奶和冷牛奶同时放进冰箱，热牛奶先冻结？”老师的回答是：“我所能给你的回答是：你肯定弄错了。”当他继续提出问题与老师辩论时，老师讥讽地称之为“姆潘巴的物理问题”。姆潘巴想不通，但又不敢顶撞老师。一个极好的机会终于来了，有一次达累斯萨拉姆大学物理系主任奥斯波恩博士访问该校，做完学术报告后回答同学们提出的问题。姆潘巴鼓足勇气问道：“如果你取两个相同的容器，放入等容积的水，一个处于35℃，另一个处于100℃，把他们同时放入冰箱，100℃的水先结冰，为什么？”奥斯波恩博士的回答是：“我不知道，不过我保证回去后亲自做这个实验。”奥斯波恩博士和他的助手做了这个实验，证明姆潘巴说的现象是属实的！这究竟是怎么回事？后来，许多人都在这方面进行了大量的研究，发现这个看似简单的问题，实际上要比我们所设想的复杂得多。它不但涉及物理方面的问题，而且还涉及微生物作为结晶中心的生物作用问题。虽然许多人从观察到的现象进行分析，给出了一些结论和解释，但要真正解开“姆潘巴问题”之谜，得出全面而令人满意的结论，仍然有待于进一步探索。

很多时候，学生想着一个个鲜活生动的故事，就能自觉遵守各项纪律，逐渐成长。一次，在学生的日记中我看到这样一段话：“今天爸爸接我回家，到路口时又遇到了红灯。爸爸想按以前的做法闯过去，我阻止了爸爸，因为我当时想起了老师给我讲的《闯红灯》的故事，我就不相信我们的素质比外国人低。”你看，一个小故事，就唤起了学生的规则意识，达到了“润物细无声”的教育效果。

在我的影响下，学生也开始爱搜集故事了。所以，在班会中，不仅是我讲故事，学生也爱讲故事。故事成为滋润我们师生心灵的源泉；班会，因一个个小故事而变得精彩无限。

故事，激活思品教学的强效剂

每当说起学生的全面发展，人们马上会想到德、智、体、美、劳几个方面。但目前的思品课教学，却在师生潜意识中成了“副课”。我认为，课堂的乏味是学生不喜欢上思品课的原因之一。

怎样才能激活思品课教学呢？回想自己上学时，老师讲的几个故事至今记忆犹新。为此，我决定从讲故事入手开展思品教学。

一、故事，提升了思品课在学生心目中的地位

新接了一个班，第一次上思品课，学生就乱哄哄的。他们说思品课是“副课”，不用好好听讲没关系。于是，我给学生讲了一个大学毕业生应聘的故事。说的是某幼儿园招聘幼儿教师，有一个大学毕业生前去应聘，她的笔试成绩第一，面试时也对答如流，自以为这次应聘没有问题。当她面试完毕下楼时，在楼梯口看到一个两三岁的孩子坐在地上哭，她看了一眼就离去了。最终，她没有收到录用通知，她感到不可思议，因为被录用的几个人成绩都不如她。幼儿园园长给她的答复是：“对幼儿教师来说，最不能缺少的就是对孩子的爱心，而你缺少的正是这个。”原来，面试那天坐在地上哭的孩子是园长亲自安排的，那里还安装了摄像头，被录用人员确实是从高分往下依次取的，但没有关心那个孩子的面试人员一个都没有录用。那一节课我还对学生讲了“清华研究生用硫酸泼棕熊”事件和“马加爵杀室友”事件，学生通过听故事懂得了：学习，最重要的是使自己变得有爱心，有高尚的思想，这样才能真正成为对社会、对国家有用的人。如果思想不够高尚，凭借知识做坏事，那么他掌握的知识越多对人类的危害越大。学生也知道了，思品课可以使自己懂得爱亲人、爱家庭、爱老师、爱学校、爱家乡、爱祖国、爱人类、爱地球，思品课不是“副课”，而是个人成长道路上不可缺少的课程。几个故事，提升了思品课在学生心目中的地位。

二、故事，强化了思品课的课堂教学效果

教学《正确处理自己与他人的关系》一课时，我给学生讲一个《写在沙滩上与刻在石头上》的故事。小A和小B是好朋友，一次，两人在沙滩上玩，后来两人争吵起来，小B打了小A一巴掌，小A就在沙滩上用手指写了几个字："小B打了我"。两人和好后，小A不小心掉进了海里，小B把他救了上来，小A在一块岩石上刻了几个字："小B救了我"。听完这个故事，有的学生说："别人对自己的好，应牢牢记着；别人对自己的不好，应尽快忘记。"此时，不用再多说什么，这节思品课的教学效果已经达到了。

所以说，故事，是激活思品教学的强效剂。

师生相约“泡”书店

新接了一个班，我想努力引导学生们到书海中畅游，让“书香”熏陶学生。我和学生们共同制订了读书计划，在教室里建立了图书角；在教室墙壁上开设了“读书专栏”，每个学生读过的书目在上面一目了然；给学生列了必读书目和选读书目；定期组织“读书擂台赛”；每周设两节连排的自由阅读课，每周有一节课作为自由阅读课的补充课，或汇报、交流读书心得，或进行阅读指导，或开展“故事会”“解难答疑会”等。我还向每个家长发出了倡议书，鼓励他们多给孩子买书，将图书作为礼物的首选；每月进行“爱心一日买”活动，即把每月中一天的工资拿出来给孩子买书，在家里建图书架；建议家长和孩子共读，每天晚上抽出一个小时作为“亲子共读”时间；组织评选“书香家庭”等。一个多月后，我们班学生的读书热情普遍高涨，书成了学生的最爱，我看在眼里，喜在心头。

我是一个爱逛书店的人，但逛的多买的少。一是因为现在的书太贵，我“囊中羞涩”；二是因为买了后有时并不细读，有点“书非借不能读焉”的意味。而我们县城中又没有一个真正能供人们自由阅读的图书馆，因此，周末我比较愿意到书店免费阅读。每次我都很早就守在书店门口，为的是抢占里面的座位，有时没有座位了就或站或蹲，有时一读就是一天，中午出来快速填饱肚子，再一头钻进书堆里，或浏览或研读，甚是满足。

有一个星期天，我正在新华书店读书，忽然传来一声轻轻的问候：“老师好!”抬头一看，原来是我们班的张志萍同学，她手里也拿着一本书。怕影响别人读书，我微笑着点点头，两人心照不宣地继续读起书来。临近中午，她和我打了声招呼就走了。第二个星期天，我发现我们班有三个到新华书店读书的学生了。第三个星期天，竟达到了七个。而每次都有张志萍的身影，我很是纳闷。星期一的课间，我问她：“是不是你约同学们到书店读书的?”她说：“我只是和同学们说‘我见语文老师星期天在新华书店读书’，他们就去看，结果去了就喜欢上里面的书了。”在阅读指导课上，我向学生推荐了新华书店这个读书的好去处，还讲了在里面读书的好处，谈了自己的读书心得。结果，每个星期天我们班都有近三分之一的学生到书店“汲取营养”，我们见了面都会互相点点头，书把我们的心连到了一起。还有的学生推荐说，“亿佰佳”超市和“华兴”超市中也有图书专柜，也是读书的好去处。书店好像有着强大的精神磁场，每到周末我们就被吸引到这些地方。这些地方成了我和学生们周末“约会”的场所，成了我们的第二课堂。

今年寒假，至少有五天时间我是在书店和超市图书专柜旁度过的。我们班的学生好像知道在这里能见到我，也都到这里来读书，顺便就给我拜年了。道一声“老师过年好”后，他们就像一只只小蜜蜂一样一头钻进“花丛”中。不用说，开学后的师生读书交流“大餐”有滋有味、有声有色。

我相信，在这些“精神磁场”的磁化中，在醉人“书香”的熏陶中，学生们定会茁壮成长。我觉得，作为一名语文教师，让学生爱上读书就是自己最大的成功。我也懂得了身教胜于言教的道理，我和学生共读书、共成长，我们都是快乐的“书虫”。

用童话擦亮学生心灵

昨天学习了“用部首查字法查字典”，晚上我给学生布置了作业：用部首查字法查出生字表第一页的十二个二类字在字典的哪一页，写在纸上，并且不许家长帮忙。晚上八点半，王力凯同学给我打电话，说“隶”字用部首查字法查不到。其实，布置作业的时候我并没有细看那些字。我用《新华字典》查起来，果然确定不出该查哪个部首，就告诉他“隶”字先不查了。我想，肯定还有学生打电话，结果却再没有询问的了。

今天一上课，我就问学生：“那12个字全部是用部首查字法查的吗?”我发现，除了王力凯，其他学生都异口同声：“是!”我步步紧逼：“真的?”学生还是毫不迟疑：“真的!”我发现了问题的严重性。直接揭穿他们吗?太让他们没面子了，也不会收到好的教育效果。灵机一动，我想起了一个童话故事，便说：“今天，我给同学们讲一个童话故事，故事的名字叫《手捧空花盆的孩子》。”我绘声绘色地讲起来：“从前有个国王，年纪很大了，走起路来跌跌撞撞。国王想：‘我快要死了，我死了以后，让谁来当国王呢?’有一天，国王告诉全国的老百姓，他要挑一个孩子将来当国王。怎么挑呢？他给所有的孩子每人发了一粒花籽，谁能用这粒花籽种出最美丽的花儿来，谁将来就可以当国王。有个孩子叫宋金，他领了一粒花籽回家去，把它种在一个花盆里，天天浇水。他多么希望那粒花籽长出芽，开出最美丽的花儿来啊！可是，日子一天一天地过去了，花盆里什么也没长出来。宋金多着急啊！他换了一个花盆，又换了一些土，把那粒花籽种上。可是两个月过去了，到了大家送花去比赛的日子，宋金的花盆里还是空空的，什么也没长出来。这一天，全国各地的孩子，一齐来到王宫里，他们每个人都捧着一盆花，都很美丽。国王出来了，他在孩子们的面前走过去，孩子们手里捧的花多美丽啊，可是国王一直皱着眉头，一句话也不说。他走着走着，忽然看见一个孩子手里捧着一个空花盆。瞧，那个孩子低着头，心里难过极了，人家都种出美丽的花儿来，可他呢，什么也没种出来。他是谁呀？他就是宋金。国王走到宋金面前，问他：‘孩子，你怎么捧着一个空花盆呀？’宋金哭了起来，他说：‘我把花籽种在花盆里，用心浇水，可是花籽怎么也不发芽，我……我……我只好捧着空花盆来了。’国王听完宋金说的话，笑起来，他说：‘找到了！找到了！我要找一个诚实的孩子当国王！你是诚实的孩子，你会是将来的国王。’原来，国王发给孩子们的花籽是在锅里煮过的，怎么会发芽、抽枝、开花呢？宋金种不出花来，别的孩子也种不出花来。别的孩子是换了好的花籽才种出花来的，宋金可没有这样做，所以他是个诚实的孩子。”

故事讲完了，教室里一阵沉默。我问班长李勇：“你听了这个故事有什么感想？”他说：“我觉得什么时候都要诚实。”我又问学生：“你们知道老师今天为什么讲这个故事吗？”一阵沉默后，张楚惠首先说：“老师，昨天晚上有个字我不是用部首查字法查的。”我问她：“哪个字？”她说：“是‘隶’字。”接着，学生纷纷说自己也不是用部首查字法查的‘隶’字，而是用音序查字法查的。而刘明说，他是用部首查字法查的。原来，他查的是“横钩”这个部首。也就是说，除了王力凯和刘明，其他学生都是用音序查字法查的。我说：“不会查没关系，没有学好也没关系，可以问老师，但不能‘不会装会’。学习是来不得半点马虎的。你们知道了吗？”学生们都重重地点点头。

我语气一变：“好，前边我们学习了音序查字法和部首查字法，现在我们学习第三种查字典的方法——难检字索引查字法。”

我相信，这个童话故事，已轻轻拂去了学生心灵上的灰尘，把诚实的种子撒在了学生的心里。

“矛盾调解小组”促班级和谐发展

在日常班级管理中，班主任的一个重要任务就是调解矛盾。但在调解过程中，班主任一般无法在事发现场，不了解事件的来龙去脉，只能凭当事人的一面之词或他人的转述来评判是非，有时会不自觉地站在成人的角度思考问题，不能蹲下身来从学生的角度想。有时，甚至会受当事人是“优生”或“差生”这一心理定式的影响。特别是在调解学生与任课教师之间的矛盾时，更是因为面子问题不由自主地袒护教师，或者根本就没有勇气指出教师的过错，从而不能公平公正地处理当事人之间的矛盾，不能让学生心服口服，“治标”而不能“治本”，反而降低了班主任在学生中的威信，影响了班级的和谐发展。

如果把调解的权力下放，交与学生，而班主任只进行适当的引导，事情就好解决得多，而且能提高学生的自我约束、自我管理能力，实现真正意义上的班级管理“自治”。

我们班就有一个“班级矛盾调解小组”。通过一年多的实践，形成了较成熟的运作机制，且效果明显。

第一，“班级矛盾调解小组”由四人组成，成员都是热心正直、办事公正的学生，在同学和老师心目中威信较高。本着公开公平的原则，小组成员经过自我推荐、竞职演说、投票评选等环节产生。

第二，实行动态管理机制和全员参与监督机制。所有学生都有权利监督小组成员，对于调解能力不强或“不作为”的成员，学生可直接向我反映。若情况属实，则严格按程序进行重新评选，真正做到“优者上，庸者下”，把调解水平高、责任心强的学生选到小组里来。

第三，重视过程管理。平时加强与小组成员的沟通和交流，重视对他们的培训；及时了解他们在调解矛盾的过程中所遇到的困难，和他们一起探讨好的调解思路和办法，不断提高他们的调解水平；引导他们阅读心理学、教育学及调解矛盾等方面的书籍，注意在网上找一些调解矛盾的典型案例来学习；同时，在班会上及时总结并表扬他们的工作，让同学们述说小组成员为班级和谐发展作出的贡献，树立他们在同学中的威信，让他们体会调解矛盾的成功感，增强调解矛盾的信心。

第四，取得家长的支持。调解班级矛盾，有时会耽误学生的学习时间，甚至会得罪某些学生或老师，因而需要取得家长的配合，让家长明白让学生参与班级矛盾调解能提高其自我管理能力和组织能力，提高学生的思想道德意识，强化学生的班级责任感和荣誉感及主人翁意识，让学生学会理解他人，真正提高学生的综合素质。这对学生的成长极为有利，特别是对独生子女来说，这些素质将是其人生路上难得的财富。家长明白了这一点，不仅不会反对孩子参与其中，还会感到十分自豪，并会及时与孩子探讨调解的学问和艺术，经常给孩子购买这方面的书籍，这也可以提高学生参与班级矛盾调解的积极性。

可以说，“班级矛盾调解小组”是促进我们班和谐发展的不可缺少的一个组织，让我省了不少心，甚至解决了连我都很难解决的问题，迅速提高了学生的自我管理能力和明辨是非的能力，达到了“管是为了不管”的目的。

一次，我刚进教室，就见孙贺打了王志勇一拳。我强压怒火，先让“班级矛盾调解小组”解决。原来，王志勇给我起了一个绰号叫“侯麻秆”，孙贺几次警告王志勇不要叫我的绰号。那天，我还没走进教室，王志勇就说：“侯麻秆来了!”于是，孙贺就打了王志勇一拳，正好被我看到。在“班级矛盾调解小组”的调解下，王志勇和孙贺向我和同学们承认了自己的错误。我又组织学生专门以“给人起绰号好不好”和“怎样控制自己的情绪”为话题展开了大讨论，解决了学生乱给人起绰号和因情绪失控而违纪的问题，而且还没有耽搁上课时间，可谓一举三得。

还有一次，上科学课时，韩小红报告说同桌王莉莉肚子疼。张老师说：“她肚子疼怎么自己不说?”说完没让韩小红坐下。王莉莉看到同桌被罚站，说：“老师，我肚子疼你不管不闻也就罢了。韩小红有什么错，你让她站着?”张老师没想到王莉莉让自己这样没面子，反驳说：“你肚子疼怎么自己不说?”王莉莉被激怒了，说：“刚才我都疼得说不出话来了，你还有人性吗!”这句话彻底惹火了张老师，于是，她失口说：“我就没有见过你这样的混账学生。”结果一发不可收拾，最后王莉莉跑回了家。说实在话，王莉莉不对，张老师显然也有些不理智。如果我去处理这件有同事参与其中的事，可能会感到很棘手。我尝试着让“班级矛盾调解小组”去处理。在他们的努力下，几天后，王莉莉和张老师在课堂上互相道了歉。张老师说自己最讨厌讲课时被别人打搅，但当时太不冷静了。王莉莉也承认当时对老师不够尊重。事情得到了圆满解决，效果好过我这个班主任亲自出马。

现在，我们班“班级矛盾调解小组”成员调解矛盾的水平迅速提高，也促使我不断学习调解矛盾的艺术。调解小组成员以及想进入该小组的其他学生也都不断学习调解矛盾的知识。学生们在学习中不仅知道了怎样调解别人的矛盾，还明白了“忍一时风平浪静，退一步海阔天空”的道理，遇事能较好地控制自己的情绪。学生之间、学生与任课教师之间闹矛盾的次数大为减少，真正收到了一举多得的效果，促进了班级的和谐发展。

小“喜报”，大效应

“这个孩子，真是让人头疼！”周末赶往亲戚家的路上，我同爱人谈论起自己的学生——郑立，倾诉自己的苦恼，这也许是当老师的“贱脾气”吧。“你说他知道好歹吗，怎么说也不听，一天批评三次都不管用。上一周只做了一次作业；星期三美术课上和老师吵闹；星期五和王平打架，把人家脸上抓了几道口子。”其实，不止郑立一个孩子，我们班有好几个学生很调皮，有的做作业丢三落四，有的和任课教师吵闹，还有的不愿做值日。我这个班主任也不是没有下力气，批也批了，骂也骂了，家长会上也点名批评，但效果都不明显。有时不禁问自己：我是一个称职的班主任吗？就算勉强称职，也不是一个智慧的班主任。

在不停的牢骚和胡思乱想中，我们不知不觉到了大姑家。刚进门，大姑就指着墙上的大红喜报说：“你看，你表弟有出息了，人家部队发喜报来了，说他在部队表现好。”于是，她边给我们倒水边絮叨起来：“你看你表弟以前多么调皮，部队的人可真有办法，怪不得人家都想让孩子到部队锻炼锻炼呐。也幸亏他临走时你姑父对他说：‘别的不说，只要你能给我挣回一张喜报就行。’现在喜报来了，你姑父喜得都合不拢嘴。”“喜报？”看着大姑花儿似的笑脸，我咀嚼着这两个字，同时，一个大胆的想法也在脑中显现出来。

回家的路上，我把想法和爱人一说，爱人很是赞成。她说：“这倒是个好方法，只是需要先发现他的优点。”我说：“这个不难，他早晨到校很早，很愿意帮同学打扫卫生区，我看就从这里入手吧。”

星期一，我先起草了一份喜报样本：“________同学：近期在________方面进步了许多。特发喜报，希望以后更加努力。班主任签名：________。”在班会上，我宣布：“以后不论是谁，不论在哪一方面有了进步，老师都会发喜报，上面有老师的签名。过年时，谁挣的喜报多，谁就会被评为‘优秀学生’或得到‘进步奖’奖状。今天我先发第一张喜报。据老师观察，很长一段时间以来，郑立同学早晨到校早，经常帮同学们打扫卫生区，因此，老师要先表扬他。”我在喜报上填好内容，签上自己的名字，让郑立上台领喜报。他好像不相信这是真的，很迟疑的样子。我说：“只要你表现好，老师还会表扬你的。如果想得到更多的喜报，不仅要爱劳动，别的方面也要好好表现才是。”他从来没像这次这么认真地听我说话，接过“喜报”后郑重地点了点头。

接下来，我开始不断发现学生的优点。谁写的字进步了，谁劳动积极了，谁帮助同学了，谁的作业优秀了，我都发给他一张喜报。我在喜报上写清他的表现，再郑重而规范地写上自己的名字。当学生把喜报捧在手里时，眼里总是闪出喜悦的光芒，其他学生那羡慕的眼神也显露无遗。

一张小喜报就像一缕春风吹皱一池春水，带来的效应远远出乎我的预料。不仅郑立同学像换了一个人似的，全班的学生都发生了巨大的变化，再也没有不认真做作业的了，上课时也不再有乱说话的了，地上有了废纸马上有学生捡起，黑板、讲桌都被学生擦得干干净净，再没有学生一下课扯着推着到办公室里找老师评理了，学生们都互相帮助，人人想得到喜报。有几个家长打来电话说，他们的孩子变了，变得有礼貌了，爱学习也爱劳动了，而且把得到的喜报挂在床头，整天看着、念着。

一张小“喜报”，产生了大效应。喜报，让我们师生皆大欢喜。前段时间，校长又找我谈话，这次不是批评我们班，而是表扬了我们班。从这件事来看，激励与表扬永远是激励学生上进的法宝，比批评与斥责管用得多。

侄子掉进厕所之后……

“报告老师，你侄子掉进厕所里了，他老师让我们领着他来找你处理。”“真臭！”随着唧唧喳喳的喊声，我们班的一群学生拥着我的远房侄子侯健民到了教室里。

我一边帮他擦拭身上的污物，一边没好气儿地问：“侯健民，这是怎么回事？”他支吾着：“我今天拉肚子，蹲的时间长了些，那里太宽，我的腿都酸了，一下子就掉下去了。”“我上一年级的时候，有一次也差点儿掉进去。”张涛也附和着。这还真是个问题！由于学生较多，我们学校的厕所不是坑状便池，而是两条长长的、宽宽的“排泄渠”，低年级学生和高年级学生用的“排泄渠”一样宽。

刚给侯健民擦洗好，就到了上课时间。这节课是综合实践活动课，本来要研究“临朐奇石的题名艺术”这一主题。我想，今天发生的这件事不正是一个引导学生进行综合实践的好主题吗？教学进度里也有调查学校设施情况的综合实践活动安排，何不提前开展这一方面主题的活动呢？于是，我问学生：“谁能说一下侯健民同学为什么会掉到厕所里？”大家七嘴八舌，有的说他蹲的时间太长了，有的说他太不小心了，大部分学生说是因为厕所的“排泄渠”太宽了。学生纷纷抱怨起来，都说上一二年级那会儿大便时两腿劈得太宽，很不舒服。看来，同学们都有同感。

我又相机引导：“那你们说怎么办才好呢？按咱们平时的分工，各小组讨论一下，先写出调查方案，再写解决方案，一会儿汇报讨论结果。”窦江浩说：“我们应该先到厕所中实地考察，可以‘现场办公’嘛！”一句话引得同学们哈哈大笑。我欣然同意，说：“同学们写好调查方案后我们就‘现场办公’。”学生的调查方案写得很详细，不仅想实地考察，还准备去建筑设计院咨询或上网查阅国家有没有关于小学生茅坑宽度的规定，甚至有学生准备到低年级调查，以了解有多少学生觉得“排泄渠”太宽以及开学以来有多少学生曾掉进过厕所，等等。汇报完调查方案，同学们一起来到厕所，很多学生都没忘记带尺子和粉笔，男女同学分开进行“实地考察”。

不知李鹏程同学从哪儿找来一个一年级的小学生。我说：“别耽搁人家上课。”他说：“他们班上体育课，都在操场上玩呢，没事。”他让那个一年级学生蹲在地上做出要大便的样子，引得所有男生一阵大笑。李鹏程用粉笔描出那个一年级学生两脚的轮廓，又用尺子量了量他两脚之间的距离，说：“我认为“排泄渠”应该分两种，宽的适合中高年级学生，窄的适合低年级学生，给低年级使用那部分宽度应这么长。”他边说边用尺子比量着，“而现在实际的宽度比这个宽度多出了7厘米。”“别看李鹏程同学平时调皮了一些，干起事来考虑得还是很周到的嘛。”我也禁不住为他叫好。他摸着头有点不好意思了。在实地考察中，大家根本不在乎厕所的异味，回到教室后，同学们开始分组制订解决方案。

解决方案制订好后，各组进行了汇报，有的同学说下午就从家里拿砖来，马明说让自己干建筑活的爸爸来帮忙，有的说利用下午活动时间大家集体劳动，刘刚则说：“我觉得应该先向校长提一提我们的建议。”我问：“哪个小组的意见比较好呢?”学生纷纷举手表示同意刘刚小组的看法。“好，老师也同意刘刚的看法，那直接告诉校长好呢，还是用别的方法?”学生都说可以写纸条放在“校长信箱”里。“那每个小组给校长写几句话，谁能把这个建议写清楚，就让谁代表我们班把纸条放在‘校长信箱’里。”很快，一份份语言稚嫩却流畅的小建议完成了，最后我们决定把刘刚小组的建议放在“校长信箱”里。

这时，黄凤突然又说：“老师，我觉得家中的坐便器也太宽了，我的屁股挤在中间的空隙中真难受。我认为应该改装一下，可以在上面加一个窄一点的硬垫，大人用时掀起来，小孩用时放下来，这样大人小孩都好用。”“好啊，我们就把这个主题作为下一次综合实践活动课的活动主题，同学们先研究一下。”整节课，我感受到学生智慧的火花在教室里闪耀，同时感到有一种与人性有关的东西在学生心中蔓延。

周一，校长利用学校广播读了刘刚小组的建议，且表扬了我们班的学生想得周到，并表示学校会考虑对厕所进行改进。我们班的学生一阵欢呼，笑容在每个学生的脸上荡漾。几周后，学校将“排泄渠”设计成了宽窄两种。而且，在我的指导下，黄凤、刘刚二人合作完成的《成人、小孩都好用的坐便器》获得县科技创新论文一等奖。

通过这件事，我发现，不是学生不善于进行综合实践，只是有时教师不善于发现活动主题，不善于引导学生开展综合实践活动罢了。对于学生来说，确实是“给点阳光就灿烂”。同时，教师要善于捕捉并利用突发事件，广泛利用并整合课程资源，及时调整活动安排，才能收到意想不到的教学效果。

老师，您心里有我吗

最近，我在几个班中开展了一次“诉怨言、提建议”活动，现摘录部分内容，或许教师们读后能受到一些启发，能有一些思考。

怨言一：老师来到教室，看到讲桌上有粉笔尘，站在讲台上用力一吹，因为我坐在第一排，面前立刻粉笔尘横飞。

建议：老师吹粉笔尘时可走下讲台，背对同学们吹。

怨言二：有一次，大屏幕上左边有 3 只鸽子，右边飞着 2 只鸽子，老师让我们编应用题。我觉得那两只鸽子是飞走的，所以编了一道减法应用题。老师却说我错了，他说应该是加法应用题。

建议：老师应允许我们有和他不同的想法。

怨言三：有一次读《金色的鱼钩》中“‘老班长！老班长！’我们叫起来。但是老班长，他，他的眼睛慢慢地闭上了”一段，老师告诉我们，前两个“老班长”后面都加有感叹号，又因为是“叫起来”，所以这两个“老班长”应读得急促。老师还让我们读一读，看谁读得急促。但我认为，“我们”当时一定很悲痛，第一个“老班长”应读得急促，而第二个可读得缓慢，读出我们悲伤得快要哭了的心情。

建议：读课文时，老师先不要告诉我们应该怎样读，应让我们读出自己独特的感受，想怎么读就怎么读。

怨言四：有一次，我们学《小雨点》一课，我很想知道雨点是怎样形成的，便问老师。老师当时正讲着课文，随口说了一句“别打岔”，我很失望。

建议：希望老师告诉我，哪怕课下告诉我或让我课下自己查书也行啊。

怨言五：学《海滨小城》一课，老师说：“有几个自然段，只读第一句话就知道这一段的意思了。”我觉得这样不好，应该把这一段全读完，才能总结这一段的意思，第一句话只是使我们更容易掌握本段的意思。

建议：老师应让我们以自己喜欢的学习方法学习，不要一开始就教给我们方法，可以最后总结哪种方法好。

怨言六：一次，老师教我们学习编应用题，快下课时老师问：“编应用题简单不简单?”其实我还没学好，所以没回答。其他同学回答的声音也不大。老师好像生气了，又加重语气问：“简单不简单?”我们都害怕了，只好大声回答：“简单。”

建议：老师应和蔼地问：“还有谁没学好?”我保证会举手的。

怨言七：一次，有许多老师来听课，老师让我们默读课文，还有许多同学没读完，老师就说：“同学们都读完了，我们……”一会儿，老师又让我们四人一组讨论。刚开始讨论，老师又说：“同学们都讨论完了。”我不知道这是为什么。

建议：老师应给我们足够的时间完成他布置的任务。

怨言八：老师经常用卡片检查我们的认字情况，但有时卡片上的字很小。有时老师写在黑板上的字和打在屏幕上的字也太小，我坐在后排总看不清。

建议：老师应为每一个学生考虑，考虑得周到一些。

怨言九：老师用卡片检查我们认字时总站在讲台下，我坐在最前排的最北边，老是看不到卡片上的字，别人认字，我傻坐在那里。我想，前排南边墙边上的同学也和我一样。

建议：老师应考虑到每一个学生。

怨言十：我们老师总爱指名让学生回答问题，有时一节课指名 20 几个人，看到人家上台表演或谈读书感受，我也很想表达。但由于我们班人多，总叫不到我，我心里干着急，有的学生都急得大叫了，还是不能被叫到。有时一天都轮不到我，所以我觉得学得没劲。

建议：如果老师让我们同桌之间互相交流或共同表演一下，不就满足了我们每个学生的表达愿望了吗?

怨言十一：一次学《黄河是怎样变化的》，老师问：“课文先写了什么?”我回答：“课文先写了黄河近两千年来……”刚说到这里，老师就用手示意我坐下，我不知道为什么。接着，有好几个同学都是这样。直到有个同学回答：“先写了黄河的变化过程。”老师才满意地点了点头。我认为我想的答案“课文先写了黄河近两千年来的变化过程”也是正确的，老师起码应该让我把话说完。

建议：希望老师让我们把话说完。

以上学生的怨言和建议，也许有些片面，但说得不无道理。那么，老师们自己为什么没注意到这些呢？我想用一个学生怨言里的一句话来解释，他说："老师，你心里有我吗?"看来，还是老师"心里没有装着学生（或全体学生）"所致。

听课之意外收获

听课时，我并没有把心思全部放在师生的一言一行上，而是将目光落在了教室里。

我首先观察了地面，地面还算干净，看来已经打扫过了，但仔细一看，碎纸屑还有不少。我向旁边一个学生的桌洞里一瞧，吓了一跳，里面堆着很多纸团，多得马上就要掉出来了，另一边的桌洞里亦是如此；学生的书包散乱地放在桌边的地面上，横七竖八，挂在课桌上的只有不到十分之一；瞧瞧课桌边沿下边，也有钉子钉过的痕迹，有一个个小洞；看看学生，一个个都穿着外套，很是臃肿，本来人就多，这样一来，教室里更显得拥挤不堪，学生坐在凳子上动弹不得；一边的窗台上，摆着很多书，看来当成了班级图书角，但有点乱；满满一屋人，教室里的气味儿很快就不好闻了，一股汗臭味儿，于是我示意窗边的学生把窗户拉开了一道缝儿。

回到办公室，我找了几个老师和学生问了一下，发现这几种情况在每个班级都存在。当然，都有其原因。一是废纸的问题，这个问题向来让班主任感到头疼，现在的学生根本不珍惜本子，写错一个字，就一下子撕掉一张纸，随手扔掉。二是书包的问题，在桌边钉上钉，书包很沉，很快就会把钉子拽下来，学生只好随手一放，当“拖把”用，放学时再背上，弄得满身是土。有的老师让学生用方便袋把书包套上，而时间一长，学生们就烦了。三是冬天学生的外套问题，教室里没有统一的地方放，学生只好穿在身上，很不方便，也很热。四是班级图书角的问题，由于教室里人多，根本没有空间放置图书架，而学生建立图书角的愿望又很强烈，因此只能把窗台当图书角用了。五是教室内空气的问题，冬天取暖，因为怕热气跑掉，所以紧闭门窗，但教室里人多，空气不流通，使得气味不好闻。

我向校长汇报了自己看到的情况。经过讨论，学校确定了五项方案。一是备铁夹和纸篓解决废纸问题，并让班主任组织一期以“节约每一张纸”

为主题的班会。学校规定在每个课桌右边用钉子钉上一个铁夹，学生有了废纸马上夹住，攒多了就放到纸篓里，每周三下午让收废纸的进校园收购。把卖废纸的钱作为“班级基金”，由班级自由支配，既可用来奖励优秀学生，又可以开联欢会使用。二是学校规定在学生课桌左边统一钉挂钩，采用坚固耐用的金属挂钩，学生到校后随手把书包挂上。三是每间教室外放两张课桌供学生放外套用，并安排管理员，学生在教室外脱下外套进教室，下课后出来再穿上。学生少的教室则设挂衣架。四是在教室墙壁上挂图书架，这样既满足了学生交换图书的需求，又不占用教室空间。窗户台上摆盆栽，美化教室环境，净化教室空气。五是每班设窗户管理员，给窗户留下 15 厘米的空隙，使空气得以流通，放学时再关闭窗户。

几个星期后，我再到该教室听课，情况已大为改观，教室里的摆设井然有序。有的老师说，现在很多学生不但不扔纸了，为了给班级“创收”，还到处捡废纸。

“学校是我家，管理靠大家”，一点儿也不错，如果我们每个教师都能多尽一份心，学校肯定会越来越好。

“我真棒”真的让学生好棒

今天听了一节语文课。上课伊始，执教老师和学生都比较紧张，课堂气氛很沉闷。学生举手也不踊跃，看来都对自己没有信心。大约 10 分钟后，老师让一个学生读课文，这个学生读得不太好，且读错了两个字。老师说：“如果你再读一遍，保证会读得更好，来，同学们鼓励他一下！”同学们边拍手边说：“1——2——3，你真棒！”果然，他读得比第一次好多了。这时，其他学生举手也变得踊跃起来。老师又让学生齐读一个自然段，同学们读的声音不是很大，老师又说：“如果你们再读一遍，保证会读得更好，来，同学们鼓励自己一下！”同学们一愣神，边拍手边有点迟疑地说：“1——2——3，我真棒！”老师说：“难道你认为自己不够棒吗？”这次，同学们边拍手边大声说：“1——2——3，我真棒！”结果，第二次齐读时学生读得声情并茂。看来，“我真棒”真的让学生棒起来，也使课堂气氛活跃和生动起来。

我在听课时曾多次听到“他真棒”，而“我真棒”还是第一次听到。我为“我真棒”叫好，我相信，“我真棒”的效果要远远大于“他真棒”。“我真棒”像一粒充满信念的种子，种在了学生的内心深处，它带给学生的是无限的学习激情、无尽的生活信心，也必将带给学生一个奋发向上的乐观人生。

变“棱角”为“圆滑”，妙哉

近日到一所学校办事，一走进教学楼，令我惊讶不已的是，楼梯台阶和墙角竟如此与众不同。我们知道，一般的楼梯台阶和墙角都是棱角分明的，而他们的台阶和墙角却都是圆滑的。我很是不解。经询问才知道，以前曾有学生在楼梯上磕倒，正好脸磕在了台阶的棱角上，更有不少学生在教室里被课桌棱碰伤。为此，学校从学生人身安全角度考虑，利用暑假时间对楼梯台阶、墙角、课桌面进行了全面改造，变棱角为圆滑。从本学期的情况来看，效果确实不错。也曾有一个学生在楼梯滑倒，但脸上只是蹭破了点儿皮。听后，我不单单是惊讶了，而且很感动，为他们想得如此周到而感动。试想，哪个学校没有学生被课桌棱碰伤过？哪个学校开会时不说学生的安全是头等大事，但又有几个学校能想到变棱角为圆滑呢？因此，保证学生安全，还要主动出招，而非被动防御。可以说，变棱角为圆滑之举，尽显了“以人为本”的教育理念。

“教鞭”之爱

“侯老师，校长叫你到他办公室。”级部主任的一声喊，让我心头一紧。校长叫我？能有什么事？是好事还是坏事？我忐忑不安地推开了校长办公室的门，先看校长的脸色，还好，很放松，大概不是什么坏事。“侯老师，请坐。今天，我想和你谈一谈你的教鞭的事。”校长开门见山。“教鞭?”我有点摸不着头脑。“事情是这样的，我让政教处对家长和学生进行了一次不记名问卷调查，其中有一项是‘你最喜欢的老师是哪科教师，为什么’。结果，三年级60%以上的家长和学生说最喜欢的老师是你。你猜猜是什么原因。”“什么原因？我也不清楚，难道与教鞭有关系?”“对，就因为你有两支好教鞭。我也很纳闷，是两支什么样的教鞭有这么大的魔力，让学生喜欢的既不是语文老师也不是数学老师，而是你这个教写字课的老师，你快说说吧。”于是，我向校长说了教鞭的事。

其实，很长时间以来我就注意到学生写字姿势不正确的问题，也从报纸上看到我国中小学生的近视率位居世界前列，且有逐年上升的趋势，心里很是着急。造成学生近视的因素，虽是多方面的，但不正确的读写姿势是一个很重要的原因。我是一个任教写字课的教师，当然更有责任引导学生保持正确的读写姿势，于是，我开始了纠正学生错误读写姿势的历程。

我先引导学生明确错误读写姿势的危害，再引导学生弄懂三个“一”的含义，最后就在纠正错误姿势上下功夫。学生写字时，我总是拿一支教鞭在教室里转，哪个学生的腰弯下去了，就用教鞭轻轻地在他的腰部点一点，他就直起了腰；哪个学生的头低下去了，我就用教鞭把他的下巴托一托，他就抬起了头；哪个学生写字时手指离笔尖太近了，我就用教鞭朝他右手的食指尖轻轻戳一戳，他的手指就离笔尖远一点；哪个学生趴在桌子上看书，我就用教鞭点点书，让他把书端好。就这样，我的教鞭成了帮助学生纠正读写姿势的好工具。但是，每个班都有十几个学生已“习惯成自然”，一时很难改正错误姿势。有时，一个学生的姿势终于正确了，等我转一圈回来，他的姿势又错了。我很着急，又没有办法，只能不停地纠正。直到有一天，三班的王小朋告诉了我一个好办法。

那天下课后，王小朋跟在我身后，问我：“老师，你是不是觉得同学们的姿势很难改呀?”我说：“是啊，如果都像你一样就好了。你的读写姿势很正确。”他有点不好意思地说：“其实，我上一年级的时候写字姿势也不对，是爸爸硬给我改好的。”“快说说，你是怎么改好的？有什么好办法?”“办法就是，爸爸找了一根木棍，把这根木棍截成30厘米左右，我写字时他就把木棍支在桌子上，让我用额头顶着，这样我就不能低头了。开始我觉得很别扭，但很快就习惯了，把木棍撤下来我也不会低头了。”“这倒是个好办法。”回家后，我也找了一根长竹条，截下两段，每段都是30厘米左右，考虑到截面太粗糙，我还给竹条两头各扣上一个塑料小帽，这样，我的两支多用教鞭就制好了。

给五班上课，学生做作业时，我先来到自控力最差的刘力身边。果然，他的头低得厉害，我用一支教鞭把他的头支起来，惹得旁边几个学生都笑起来。然后，我用另一支教鞭纠正其他学生的错误姿势，转了一圈回来，刘力的头还用那支教鞭撑着。我转了几圈后，把教鞭撤下来，刘力也没有再低下头。又转了几圈，他的头还是那样挺着。我心头一喜：这个方法管用了。

当然，三年来有的学生读写姿势一直不正确，想改谈何容易。为此，我坚持不懈地帮助学生纠正错误姿势，在两支教鞭的帮助下，在我们师生的共同协作下，经过近一个学期的努力，学生们终于都养成了正确的读写姿势。

给校长讲完教鞭的事之后，校长给我看了几份家长和学生的答卷。有家长这样写道：“我们也知道，我们孩子的写字姿势不正确，但很难改。我们曾做过很大的努力，却总是失败。没想到这个缺点让侯老师改过来了。侯老师真是一个有耐心的人，如果所有老师都像侯老师这样用心，我们就放心了。”有的学生说：“我的读写姿势不正确，总是被家长批评，我也很苦恼，但总改不好。于是，回到家我也学侯老师制了一个教鞭，顶着额头写字，终于改掉了坏习惯。没有侯老师的教鞭，我很可能就走进了近视学生的行列。我喜欢侯老师，因为他有两支好教鞭。”

听了教鞭的故事，校长说，要推广我的经验，让所有老师都加入纠正学生错误读写姿势的行动中来，让所有学生都成为受益者。最后他说：“真正帮助学生养成正确姿势的，并不是你的两支教鞭，其实是你对学生的那份爱，那份当老师的责任。”我心头一热，想说点什么，但最终什么也没说出来。是啊，作为教师，说什么并不重要，最重要的是要踏踏实实地去为学生做点什么，去为学生打好人生的底色，为学生的终身发展奠基。

用情抒发教育感悟 三

品味，让教育更有韵味；感悟，使教师更加热爱教育。我经常用心品味教育，用情感悟人生。如果我们都能够用心去感受教育工作中的点点滴滴，人生会因此而变得更加丰富！从和同事的闲谈交流中，我感受到了学生、课堂是教师永恒的话题；从教师对课堂教学的不断探索和改进中，我感受到了教师对优质高效课堂的热望；从教师步履匆匆的行进中，我感受到了教师工作的紧张和压力；从教师的一声声叹息中，我感受到了为人师的酸甜苦辣；从学生文章的字里行间，我感受到了师生的平等与和谐；从每一位教师的眼神中，我感受到了教师对教育、对学生的那份挚爱……

为了锻炼自己的感悟力，我总爱静下心来做事。在这样一个浮躁的社会中，能静下心来读一本心仪已久的好书，感觉很是惬意；在这样一个抱怨和哀叹不公平的时代中，能静下心来品味得到的一切，感觉很知足；在这样一种总在渴盼明天的氛围中，能安静踏实地过好今天，细细回味昨天，感觉很超然！

细细品味和感悟，留心教育生活中的每一个细节，坚持优化每一个教育细节，这就是品位。

人生就应这样执着！从加入教师行列的那天起就注意去品、去悟，我将要一如既往地用真挚的情去品味教育的哲理，去感悟人生的真谛。

评课应重视“非知识传授因素”

前几天到一所学校听课，走进学校，首先映入眼帘的是教学楼上的几行大字——“为了一切学生，为了学生一切，一切为了学生”。评课时，大多数老师都对授课教师怎样传授知识以及教学环节方面的问题发表了自己的看法，如授课教师挖掘教材是否全面，突破知识难点的方法是否灵活等。我对知识传授的方面没有过多发言，主要就“非知识传授因素”作了一些评价，给授课者“泼了一盆凉水”。

首先，从“为了一切学生”的角度来说。我就发现听课的学生总共才20来个，但据我所知，这所学校每个班都有50多名学生。那么，其他的学生都留在了教室里吗？还有，课堂上教师指名回答问题或指名读书的时间占总时间的2/3还多，且有的学生被指名七八次，但大部分学生却一次表现的机会都没有，整个课堂俨然成了教师和个别优秀生作秀的舞台。而我认为，不论学生学习怎样，都应该有参与课堂活动的权利，否则就有被歧视的嫌疑。课堂上，教师应关注每一名学生，给每一名学生表现的机会，而不应制造“明星学生”。教师应遵循让每一名学生都“动起来”的原则，如同桌之间读一读、三人一组分角色朗读等，不能让大部分学生成为课堂上的“看客”，否则很难实现教学质量的大幅度提高。

其次，从“为了学生一切”的角度来说。我注意到，课堂上大部分学生写字姿势和读书姿势不正确。特别是写字时，90%以上的学生都低着头、弓着背，但教师一直没有纠正。下课铃响了，眼保健操的音乐响起，教师为了完成教案中预设的任务，仍旧滔滔不绝地讲解，直至眼保健操音乐完毕。我的观点是，良好习惯的培养胜过单纯书本知识的学习。正如教育家叶圣陶指出的：“教育就是培养习惯。”不重视学生良好习惯的培养，不重视学生身心健康的发展，却只追求书本知识的学习，则无异于舍本逐末。

再次，从“一切为了学生”的角度来说。我注意到两个细节：上课前，教师站在讲台上，面对学生吹了吹讲桌上的粉笔尘，前排学生都用手捂住了鼻子；另外，教师板书时用身体把其写的字挡住了。我的观点是，教师吹粉笔尘完全可以背对学生；板书时也应让身子歪一歪或微蹲，让学生能看着教师板书，这样既加深了学生对板书内容的印象，又能潜移默化地使他们受到教师写字规范的影响，还能避免学生因无事可做而扰乱课堂秩序。

正所谓，“学校无小事，事事教育人；教师无小节，节节是楷模”。“一滴水能反映太阳的光辉”，正是课堂中一些“非知识传授的因素”才能真实反映教师是否真正践行以人为本的教育理念，而这些因素正被不少教师所忽视。课程改革呼吁教师关注细节，要从细微处真正关注每个学生的全面发展。

“三环节”校本教研促教研针对性

学校组织教师进行校本教研活动，是一种反思性学习、研讨、实践的合一行为。在实际操作中，运用“课例定题——研讨反思解题——新课例实践”模式开展活动，是促进教师课堂教学能力提高的有效办法。

所谓课例定题，就是以教师的课堂教学为范例，通过听课发现教学问题，并把那些普遍性问题确立为研究课题；研讨反思解题就是搜集、整理相关的理论和研讨资料，结合课题进行学习，与专业研究人员、同事进行探讨、交流，找到解决问题的办法。新课例实践就是在课堂教学实践中运用研究、反思所确立的新教学理念及策略，改进原有教学中的不足。

下面是一个“三环节”的教研案例。

课例定题。新课程实施以来，教师纷纷在课堂上组织学生进行小组合作，我也在课堂上多次尝试。有一次，我执教《一夜的工作》一课，提出一个问题让学生讨论：如果用课文中的一句话来评价周总理，哪一句最合适？学生 4 人一组七嘴八舌地讨论，但都只是说出了答案，既没有充分表达自己的观点，也没有讨论出结果。这使我深刻地感受到，小组里没有分工，就没有真正的合作，合作学习最突出的价值就会被抹杀。在听课时，我发现很多教师组织的小组合作也都只停留在小组讨论式的合作学习上，而且多流于形式。当教师宣布小组讨论时，往往都是前排学生“刷”地回头，满教室都是“嗡嗡”的声音，4 人小组里，每个人都在张嘴说话，谁也听不清别人在说什么。几分钟后，教师一喊“停”，学生立即安静下来，站起来发言的学生一张口就是：“我认为……”“我觉得……”学生关注的仍然是“我”，而不是“我们小组”。像这样的小组合作，并没有学生之间的相互合作，也没有共同任务中的分工和个人责任，更没有对任务进行的评估。如何才能组织有效的合作学习呢？于是，我把“如何组织有效的合作学习”当作一个课题来研究。

研讨反思解题。首先，我搜集、整理了相关的理论资料。其次，与同事进行探讨，交流了各自的困惑，进一步学习新课程理念，反思合作学习各环节存在的具体问题，分析效率低的原因。还多次在课堂实践中引导学生改进合作学习的方式。这样逐步总结了一些提高学生课堂合作学习效率的好经验。

一是改变观念、激发兴趣、相机合作。小组合作学习在促进学生间的情感交流、发挥学生学习的主动性等方面有着重要的作用。课堂教学时间是有限的，因此，要把学习重点和难点作为讨论的主要内容，抓住讨论的时机，让学生有效地参与讨论。课内安排学生合作学习的内容要有针对性、启发性和合理性，要有利于发展学生的逻辑思维能力和想象能力，这样才能提高课堂教学效率。合作学习并不是每堂课都需要进行的，教师应该根据教学内容的需要，相机采用合作学习。要让学生带着一种积极、活跃的情绪学习，让他们主动投入合作学习中，让每个成员都有机会发表自己的观点、看法，也乐于倾听别人的意见，使成员之间在相互尊重的前提下达到互相交流的目的。

二是优化组合、有序组织、张扬个性。要根据不同学生的知识结构、学习成绩、学习风格等合理分组，要考虑小组内的人数搭配、男女搭配，不要落下任何一名学生。如按座位分组，一般以座位前后左右 4 到 6 人为一组，它适合小型的分量不重、不难的学习任务，这种分组易于操作，在课堂上随时可以进行分组。如按学力分组，教师在课前就要将小组分好，就小组内成员素质而言，又可采用同质分组或异质分组的形式。小组内要有明确、细致的分工，可设小组长、记录员、汇报员。小组长的主要职责是对本组成员进行分工，组织全组人员有序地开展讨论交流、动手操作、探究活动；记录员的职责是将小组合作学习过程中的重要内容记录下来；汇报员的职责是将本组合作学习的情况进行归纳总结，并在全班进行交流汇报。小组长、记录员、汇报员的工作要让学生轮流担任，让每一个学生都有锻炼的机会。小组成员既要积极承担个人责任，又要相互支持、密切配合，发挥团队精神，有效完成小组学习任务。

三是培养意识、强化指导、创设氛围。在学生合作学习的过程中，教师要引导学生进行合作、探究，与学生共同解决合作中碰到的困难。要对各个小组的合作学习进程不断观察和介入，对他们进行及时有效的指导。

四是调控过程、把握深度、达成目标。在合作学习中，教师要精心设计，从讨论的内容、讨论的时间等方面调控合作学习的过程，提高目标的达成度。

新课例实践。这些经验形成后，我又运用于课堂教学中，效果较好。通过推广，学校其他教师也都运用这些经验来组织学生进行合作学习，学生的学习兴趣大大提高，课堂教学效果也明显提高。

通过“三环节”校本教研模式的推广，教师在教学实践中不断发现问题，并结合自己的实际情况确定研究课题。在研究中，通过学习理论、查找资料、反思教学、改进课堂实践，形成教育经验，创新教学模式，提高教学效率，真正体现了“课题来源于教学，又服务于教学”的宗旨，遵循了课题研究的“实践—理论—实践”的研究思路，提高了课题研究的实效性和可操作性。

"备课于书"好处多

教学设计一定要写在备课本上吗？未必。于永正老师就喜欢在课本上写"教案"——备课于书。他备课本上的教案往往只写过程，更细微的东西则写在书上。他指出，"备课要从自己的实际出发，从方便教学出发，不要拘泥于形式"。对此，我深有同感。作为语文教师，我认为，把备课内容写在课本上，好处多多。

一是节省了教师的时间，节约了教育资源。不客气地说，不少教师的教案是从《备课手册》《教案大全》等教案集上抄来以应付检查的。什么时候抄？往往是在课早已讲完、"检查"就要来临的时候抄。这就是当前非常普遍的、大家都清楚的有关备课的真实情形。这是多么令人痛心的教育资源浪费呀！其实，每个语文教师上课前都是要备课的，但只是把教案备在了课本上：哪个字学生容易读错，画出来；哪句话含义深刻，标注一下；补充哪些教学资源，写一写；按什么程序展开教学，顺一顺。上完课再去补教案，意义何在？教师的时间是宝贵的，何不把这时间用于批改作业或其他教学事务上？可以说，把备课写在课本上，既节省了教师的时间，又充分利用了教育教学资源。

二是减轻了教师的负担，提高了教师的职业幸福感。老师们抄的教案一般为上级设计好的统一格式，从教材分析到学情分析到教学目标和教学重难点分析。实际上，读一读、想一想弄懂了就行了，何必非得落到纸面上？可以说，教师们在用大量的精力做着无用功，为的只是程式化的检查，而真正静下心来思考、研究的教师却很少。老师们都把抄教案当作一种沉重的负担，由此带来的是教师对僵硬的管理模式的厌恶及其职业幸福感的丧失。允许教师把备课内容写在课本上，能把教师从格式化备课的抄袭中解放出来，减轻他们的负担。同时，教师还能享受到阅读经典、玩味词句的乐趣，进而能切切实实地感受到工作的价值，增加职业幸福感。

三是利于教师“吃透”教材，提高教学效率。让教师把备课内容写在课本上，可以引导教师更深入地研究教材。我们提倡语文课要引导学生多读，其实，教师备课更要多读课本。“读书百遍，其义自见”，不仅适用于学生，也适用于老师。老师把课文读熟了、读透了，自然就悟出了引导学生读透课文的方法。只要朗读好了，读出文章的妙处和味道来了，也就能把课上得有滋有味、有声有色。特级教师贾志敏曾提出“欲备课先背课”，一句简单质朴的话，却告诉教师“功夫练在前，功夫在读中”。如果教师把大量精力花在抄备课上，自然会忽视对课文本身的阅读和理解。当检查学生朗读时，学生读不准字音，而老师也没有纠正，根本原因就是老师自己都没把课文读透，没注意到这些字容易读错，也就不能很好地指导学生读好课文了。让老师把备课内容备在课本上，实际上是让老师自己先“吃透”教材，把抄袭教案的时间用在钻研教材上，做到读、查、悟、思相结合。读，即读透课文；查，即查阅工具书，理解字词句，还包括查阅课文相关资料；悟，即感悟作者遣词造句、谋篇布局的意图；思，即结合课后练习题思考疑难之处，以达到“其意皆出吾心”“其言皆出吾口”的备课效果。只有这样，在课堂上才能游刃有余，真正提高课堂教学效率。

四是备课更实用、运用更自如。教案只有在课堂上才能“活”起来，教案写得再细致，课堂上没有落实，也是无本之木。翻开有些教师的课本，往往会发现课文的边边角角、字缝行间记满小字，密密麻麻如蝇头小蚁，且横线、曲线、圆圈、三角等符号比比皆是，甚至还夹有小卡片。仔细一看，可谓简单明了，何处是重点，何处该强调，何处需引导分析，何处要补充等，都一目了然，这样做非常利于教学各个环节的落实。另外，老师备课是需要借助许多资料的，在书本上备课便于随时添加新内容。课文成了“满天星”，虽美观不足，但实用有余。

五是能给学生作示范，达到言传身教之效。学生通过看老师的书，会明白什么叫“读透了课文”，明白什么是“不动笔墨不读书”，明白怎么在书本上做批注，从而养成及时做笔记的好习惯。

同时，“备课于书”还能让用完的教材变成一本丰富的资料集——教师辛勤劳动的结果，是其智慧的结晶。这种教材可重复使用，价值不菲。

教学来不得半点糊弄，教育事业呼唤真实，真实的才是实用的，实用的才是有效的。真正的备课不在于抄写得好不好，不在于写得多与少，不在于写在哪里，而在于是否用心。可以说，备课于心最重要，而“备课于书”就是“备课于心”的最好表现形式，使教师跳出千人一面、千课一式的教案怪圈，减少简单的重复，这样备出的教案才是真实的教案，才是有价值的教案，才是真正意义上的个性化的教案。

新课程呼唤新的备课方式，愿我们的备课更“实”、更“活”、更“新”。

“不准乱说话”与“看谁表现好”

一次，我连续听了同一个班的两节课。同样是授课教师的一句嘱咐，同样的两个学生，却在两节课中有截然不同的表现。

第一节是语文课。课前，教师走到最后排的一组同桌身边，低下头说：“你俩这一节课不准乱说话，给我坐好!”声音很低，但听起来语气十分严厉。听了这话后，两个学生一下子正襟危坐。上课不久，这两个学生就开始悄悄说话了。我不时观察他们，整节课他俩都很少参与课堂活动，一次也没举手，有时东看西看，有时趴在桌子上，更多时候是低头窃窃私语。因学生较多，所以老师也没有制止他们的行为，更没有叫他俩回答问题。

第二节是数学课。课前，数学老师也走到他俩身边，低下头说：“这一节有这么多老师来听课，看你俩谁表现得好!”声音也很低，但听起来有很强的鼓动性。听了这话，两个学生的眼睛一下子都有了光彩。整整一节课，他俩听课十分投入，举手非常积极，其中一个学生被老师叫到回答了问题，另一个则显得十分着急。

当时我就在听课本上写下了这么一句话：“激励永远是教育学生的灵丹妙药!”

课后，我分别和两位授课老师谈起了这两个学生。语文老师说：“这两个调皮‘猴子’是典型的多动症，没治了。”数学老师说：“他俩虽调皮了点儿，但都喜欢表现自己，思维也比较活跃。”

我又在听课本上写下了这样的话：“认识决定行为。对学生的不同看法，产生了不同的教育行为，对学习失去了信心的学生是学不好的，对学生失去了信心的老师是教不好的。”

专题性听评课提高听评课实效

一天，我们检查四年级学生的朗读情况。来到了一班，发现他们班学生朗读得不仅准确、流利，还很有感情。而三班学生的朗读水平就很不好，课文都读得磕磕绊绊、丢三落四，轻声字“了”“的”的音拖得很长。

作为四年级的学生，能准确、流利、有感情地朗读课文是学习的“底线”，是教学的最基本目标。近两个月的学习时间，学了不到十五篇课文，且学生连读原文都成问题，何谈课堂教学优质高效？为找到症结所在，提高三班学生的朗读水平，真正打造优质高效的课堂教学，我校马上组织了以“开展有效提高学生朗读水平的课堂教学研究”为题的听评课活动。该活动采用“同课异构”的形式来组织，让四年级一班和三班的语文老师分别执教《普罗米修斯盗火》一课，其他四年级语文教师参与听评课。

一班的老师在授课时，主要提了一个大问题：“你认为普罗米修斯是个怎样的人？是从哪些语句体会到的？”然后，围绕这个问题，按“自读感悟—汇报交流—品读提升—诵读积累—复述表达”的流程展开教学。

首先，学生自读课文，边读边做标注。

其次，让学生汇报交流自读感悟，并品读课文相关部分。教师要求学生按“先读原句，再说说自己从中体会到的普罗米修斯的品质”这一模式汇报。发言学生每说到一处，其他学生都会随机补充自己对此处的理解，以及从中感受到的普罗米修斯的品质。教师相机引导学生品读这一部分：哪些词语运用得好，能打动人心，读时可重点突出一下；哪些语句形象，读时应展开想象。同时，组织多种形式的朗读，如三人一组扮演角色读等，鼓励学生读出自己的真实感受，读出自己的“味儿”。结果，学生读得入情入境，读得趣味盎然，并在汇报、交流、品读中感受到了普罗米修斯善良、正义、坚强的品质。

再次，教师引导学生："你觉得哪部分写得好，哪些地方给你留下的印象最深刻，就有感情地背诵下来吧。"此时，学生已深深地被普罗米修斯的精神所打动，水到渠成地产生了背诵的内驱力，很快就背诵了很多精彩的语句。

最后，教师让学生以讲故事的形式复述课文内容，并要着力表现普罗米修斯的优秀品质，看谁的复述能让人听得津津有味，像电视上的评书一样。结果，学生都复述得很吸引人。

三班的教师授课时，着重从课文结构上入手。

首先提出："课文是按什么顺序写的?"学生回答："是按事情的发展顺序写的。"然后，教师领着学生逐部分进行学习。学习每一部分时，教师都会提很多问题，如发生了什么事情、普罗米修斯为什么这样做、宙斯又是怎样做的等。问题问得很"碎"，学生被教师的问题牵着，一步步前行。最后，师生理出课文顺序，教师板书"事情起因：无火艰辛——事情过程：盗火受罚——事情结果：获得解救"。

通过听课，不难看出两位教师执教《普罗米修斯》所折射出的不同的教学理念。一班的教师重视学生的读，真正做到"以读代讲"，引导学生在"读中理解，读中感悟，读中升华"，重视"情感、态度和价值观"三维教学目标的实现。重视对学生进行朗读指导，让学生在悟情的基础上，用朗读的形式把自己感悟到的情感表达出来，这样日积月累，学生自然能朗读得好。同时，这位教师培养了学生的口头表达能力，引导学生完整地表达自己的思想。当然，如果能够在开始时引导学生整体感知课文结构，或者最后总结一下课文结构则会更好。

三班的教师没有重视读书指导，只泛泛分析课文内容，没有落实到"读"上，忽视了语文的人文性特点和语文教学中读书实践的规律。教师"满堂问"，导致学生的思维和阅读能力没有得到有效训练。

应该说，四年级一班的语文教学更优质、高效。通过本次"同课异构"活动，四年级三班的语文老师也认识到了自己教学中存在的问题，发现了学生朗读水平不高的真正原因。本次专题性听评课活动"牵一发而动全身"，从解决学生的朗读问题入手，解决了"满堂问"的问题，实现了打造优质高效课堂的教研目的。

平时的听评课想解决很多问题，但没有明确的目的性，走马观花一般，所以往往一个重点问题都解决不了。而专题性听评课更具针对性，在一个点上挖井远胜于在整个面上打坑，坚持开展专题性听评课活动定会迅速提高教师的课堂授课水平。

那个爬行上班的小学校长，我的校长

今天，下了入冬以来的第一场雪，特别大，雪花真如鹅毛一般。课堂上，同学们不时地向窗外望，眼里闪着异样的光芒。下课了，雪也停了，正好是课间操时间，学生都簇拥着我，像小鸟一样叽叽喳喳。班长说："老师，我们现在就一起去操场上玩雪吗?"我很惊讶："老师什么时候说过和你们一起去玩雪了?"学生们都嚷嚷起来："老师，前边我们学《第一场雪》的时候，你不是说只要我们以后表现好，你就和我们一起打雪仗吗?""我说过吗?""说过，说过。老师说话可不能不算数啊!"学生们都急了。

细想来，还真有这回事。那天我们学《第一场雪》这篇课文，学到"一群群孩子在雪地里堆雪人，掷雪球。那欢乐的叫喊声，都快把树枝上的积雪震落下来了"时，我问学生："你们谁打过雪仗？请举手。"结果，只有几个学生举了手。我随口说："老师小的时候可没少打雪仗，你们家长都太爱你们了，爱得都剥夺了你们打雪仗的权利。如果你们表现得好，等下雪的时候，老师和你们一起到操场上打雪仗。"当时自己就那么随口一说而已，很快就忘了。现在看来，学生可从来都没忘记。这段时间他们确实表现得不错，只是，我没有想到其中的原因竟是我许下的一个承诺。

说实在话，我现在真不想到楼下去打雪仗——这几天有点感冒，身体不舒服，要是再出去冻一下，感冒加重了怎么办？我只好来个缓兵之计，说："你们先去玩着，我还有点事，处理完了再去。"我回到办公室，喝了点热水，随手翻起了桌子上的《赏识你的学生》这本书。一个故事的题目映入眼帘——《爬行上班的小学校长》。我读了起来，故事说的是 1998 年 11 月 9 日，美国犹他州土尔市的一位小学校长——42 岁的路克，在雪地里爬行 1.6 公里，历时 3 小时去上班，受到路人和全校师生的热烈欢迎。原来，这学期初，为激励全校学生的读书热情，路克曾公开承诺："如果你们在 11 月 9 日前读书 15 万页，我在 9 日那天爬行上班。"全校学生猛劲儿读书，连校办幼稚园大一点的孩子也参加了这一活动，他们终于在 11 月 9 日前读完了 15 万页书。有的学生打电话给校长：“你爬不爬？说话算不算数？”也有人劝他：“你已达到激励学生读书的目的，不要爬了。”可路克坚定地说：“一诺千金，我一定爬着上班。”与平时一样，路克于早晨 7 点离开家门，不同的是，他没有驾车，而是四肢着地爬行上班。为了安全和不影响交通，他不在公路上爬，而在路边的草地上爬。过往汽车向他鸣笛致敬，有的学生索性和校长一起爬，新闻单位也前来采访。经过 3 个小时的爬行，路克磨破了 5 副手套后，终于爬到了学校，全校师生夹道欢迎他们心爱的校长。当路克从地上站起来时，孩子们蜂拥而上，抱他，吻他……

读了这个故事，我想了很多。履约是中华传统人格的一个重要内涵，也是每位教师应必备的品质之一。凡事需从自身做起，从小事做起，从反省自我做起。“勿以善小而不为”“知行合一”“学至于行而止矣”，都强调了“做”的精神。履约内涵的另一层意义是，做人要讲诚信，要说话算数，要一诺千金。一个好的教师会凭借自己的语言、行为和情感，潜移默化地感染学生，促使学生积极主动地投入学习。学生在教师的感召下，会表现出强烈的求知欲，体验到愉悦、满足，并流露出对教师的尊敬和爱戴。这个故事中的主人公——42 岁的小学校长路克，为什么要在雪地里爬行 1.6 公里，历时 3 小时去上班？他的目的就是要用自己的实际行动践行诺言，给学生树立一个榜样，并激励和唤起他们的学习热情。作为教师，不仅要有独立的人格，更要有独特的个性，就像故事中的路克那样。教师的个性品质是教师心理品质的核心部分，它对学生心灵的影响，是教科书、道德说教、奖励制度等都无法取代的。教师的良好个性一旦得到学生的认同，就会激起学生的学习热情。富有个性魅力的教师如同一种黏合剂，能将学生紧紧地凝聚在他的周围；富有个性魅力的教师能以其独特的教育风格，使学生乐于听他的教诲。“言而无信不知其可也”，何时也不能忘记，教师面对的是一个个纯真无邪的孩子，教师肩负着教书育人的重担！教师的不守诺言将会导致怎样的后果？在学生的内心深处会不会感到“老师都不遵守诺言，那自己不遵守诺言也没有关系”呢？他们如白纸一样纯净的心灵会不会因此而受到玷污？所谓“教师无小节，节节是楷模”，自己和那个爬行上班的校长比起来是多么渺小、多么不尽职。想到这里，我毫不犹豫地向楼下跑去……

回到教室，看到学生们汗津津的笑脸，看到学生们满脸污痕但意犹未尽的神情，虽然我的衣服湿漉漉的，但我的心里暖烘烘的。上课了，学生们的目光里满是信任和爱戴。小小的感冒早已烟消云散，我感到浑身舒畅。也许，这就是爱的力量，这就是信任的力量吧。真是开卷有益，一个小故事启迪了我的心灵，让我赢得了学生的尊重和爱。课后我一定读完《赏识你的学生》这本书，因为从这本书中，我读到了教育中永不磨灭的关键词：尊重、诚信、信任、理解、激励和宽容，还有一个最重要的“爱”字。

那个爬行的小学校长，用他的行动给我这个教师上了一堂生动的教育课，从这个意义上说，他就是我的校长。

朴实的邱老师

已为人师的我经常回忆起我的老师，他们有的诚恳、有的严谨、有的知识渊博，而给我印象最深的，是我上小学四年级时的邱松林老师。

邱松林老师那时刚高中毕业，是代课教师。现在想起来，不是“科班”出身的他却用自己的行动诠释了什么是教学艺术。

刚上四年级时，我经常因恋床而迟到。按照常理，老师应该把我狠批一顿，但邱老师从来没有这样做过。有一次他问我：“想不想拿教室的钥匙?”我说：“当然想了。”他说：“那可有一个条件，你不能来晚了，不然会耽误同学们上课的。”我坚定地说：“保证没问题!”我拿到钥匙后，非常高兴，小心翼翼地套在脖子上，时不时看看，生怕弄丢了。为了不让同学们在教室外等，第一天早上我很早就起了床，到校开了教室的门。看着没耽误同学们进教室，我第一次尝到了为别人服务的幸福滋味。之后我每天都早早起床，恋床的毛病从此就改掉了，直到今天我都保持着早起的习惯。

不久，我的另一个毛病进入了邱老师的视线——胆小，上课不敢举手发言。他又问我：“你愿意喊‘起立’吗?”我说：“愿意，但我……”他说：“不用犹豫了，从今天起，你就喊‘起立’!”第一节课，邱老师来上课了，说：“上课!”天哪，同学们“轰”地站了起来，而我的“起立”还没说出口呢。当然，随着时间的推移，在邱老师的鼓励下，我逐渐克服了胆小的毛病，四年级下学期还当了班长，具有了一定的号召力。

在提高同学们的学习兴趣方面，邱老师也有一套。他告诉我们：“谁的作业完成得好，每天下午老师就教他学十分钟的英语。”英语对我们农村的小孩子来说可是神秘的东西，好奇心驱使我们认真完成作业，就连王顺利同学都开始做作业了，这可是他上学以来第一次做作业。由此，我们在四年级就开始接触了英语，而且学了一两个单词后就回家卖弄。我们第一次觉得，学习原来是件快乐的事。

邱老师对我的两次批评同样是刻骨铭心的。一次考试，我写得很快，自以为考 100 分没问题，结果却考了 95 分。发下试卷后，我没发现有“叉号”，所以就去问邱老师。他说：“你虽然没错题，但写得太潦草，所以扣了卷面分。以后记住，干什么事都要做得完美。”“干什么事都要做得完美”，这句话我记了一辈子。你看，他那时就重视学习的三维目标了。

还有一次，是劳动课。我们班负责掏厕所，快干完的时候，我提前去洗手了，结果被邱老师看到，把我叫了过去。他直言不讳地批评我：“你以为自己学习好就可以偷懒了？学习好并不代表一切，如果思想不端正可能对社会的危害更大。现在你自己去掏剩下的部分。”结果，其他的同学都休息了，只有我自己在干。现在想来，邱老师对学生的全面教育正是今天教育所缺失的。

邱老师被调走时，和我进行了一次谈话，更使他在我心目中有了崇高而神圣的地位。他把我叫到办公室，说：“侯忠彦，你坐下，咱俩聊一聊。”我有点“丈二和尚摸不着头脑”，学生到办公室从来都是站着的，哪有和老师平起平坐的？我不知邱老师葫芦里卖的什么药，坐也不是，站也不是。邱老师又诚恳地说：“侯忠彦，你坐下，随便一些。”并顺手拉过来一把椅子，我有点不安地坐下了。邱老师说：“侯忠彦，你是一个十分懂事的学生，平时负责开教室的门，总来得那么早。写的字也总是工工整整的，就像书上印的一样。”我觉得脸在发烧，我知道那是兴奋的缘故。邱老师还说了很多话，我说的很少，只是他问一句我答一句。最后，他说：“明天我要调走了。我觉得你是一个知道学习的孩子，以后无论哪个老师教你们，你都要认真学习，要对得起你的父母。”泪水在我的眼眶里打转，我有千言万语要对邱老师说，但当时的我竟一个字都没有说出来，只是重重地点着头。多少年来，他的话语一直在我的耳边萦绕，激励着我努力学习，直到今天。

一例例朴实的做法，一句句朴实的话语，构成了邱老师那朴实的形象。而正是这种朴实，让我体会到了教师的伟大。是啊，当教师的，需要的不就是这种点点滴滴的朴实吗？作为一名教师，我今天也在像邱老师一样，朴实地做着自己应该做的事。因为，我不仅要对得起父母，也要对得起我那朴实的邱老师。

过时的小实验

暑期的一天，儿子无事可做，央求我和他一起玩。我说：“那我就和你做一个我小时候从课本上学的实验吧。”儿子可高兴了，问我：“做什么实验呢?”我说：“咱们就做一个西红柿罐头吧。”

说做就做。在我的指挥下，儿子先找了一个打吊针用的玻璃瓶，又找来一个打吊针时对药用的大针头。然后，我把西红柿切成小碎块儿，装入玻璃瓶中，倒上适量的水和盐。再把一个鸡蛋打进碗里，搅拌均匀，倒进瓶中。总量为玻璃瓶容量的 2/3 左右，第一步“装”就算完成了。

第二步是“煮”。铝锅里倒进十多厘米深的水；玻璃瓶要用软塑料瓶塞塞好；瓶塞中插上针头，针头底端离瓶子里的水面有三四厘米的距离；再把瓶子放进锅里，盖上锅盖，用慢火来煮。我给儿子解释：“火大了的话，水沸腾时会把瓶子冲倒。”水开了，听到锅里发出“咕噜咕噜”的声音，儿子忍不住揭开锅盖看，只见瓶塞上针头的孔里不停地向外喷热气。十分钟后，我说：“行了，可以拿瓶子了。”我迅速拔下了瓶塞上的针头，然后把瓶子从锅里拿了出来。

第三步是“封”。我和儿子找来蜡烛，点上后把蜡烛汁滴在瓶口的周围。我对儿子说：“煮的时候，热气从里面跑出来，加热后里面就没有了让西红柿腐烂的细菌，封口后外面的细菌又跑不进去，西红柿就不会腐烂了。”儿子佩服地点点头。我又接着说：“西红柿罐头做好了！过年时我们就可以吃它了。”

儿子不解地问：“难道西红柿罐头比现做的西红柿汤好吃吗?”我说：“当然不如现做的好吃了。”儿子越发奇怪：“那过年的时候为什么不吃现做的西红柿汤，而要吃西红柿罐头呢?”我一怔，哈哈大笑起来：“我忘了现在冬天也有西红柿吃了。”儿子更不解了：“什么时候冬天没有西红柿吃了?”我望着儿子，说：“我小时候，冬天就没有西红柿，冬天能吃到的只有两种菜，一种是萝卜，一种是白菜。早上萝卜炖白菜，中午白菜炖萝卜，晚上萝卜白菜一起炖。所以，那个时候书上就介绍了做西红柿罐头的方法，为的就是让人们过年时也能吃上西红柿。”虽然带有讲笑话的意味，但我俩都没有笑。

之后我又给儿子讲了很多自己的故事。比如，七岁那年的冬天，我到十多里外的村子看电影，回来时掉进了河里的冰窟窿；上小学四年级时，一次在大路边耧树叶，捡到一个烂了一半的水果，竟不认识那是苹果，那也是我第一次品尝到世界上最甜美的苹果的味道；上初一时，一个远房叔叔从潍坊带回了几根香蕉，但皮都黑了，从此我便以为香蕉是黑色的，直到后来到城里上学才知道好的香蕉原来是黄色的；六岁时，有一次在家里看地瓜干，听到街上有换油条的，我就偷偷捧了半瓢地瓜干换了三根油条，被邻居家的孩子告发后挨了一顿揍，等等。我慢慢讲着，仿佛又回到了那个缺衣少食的年代，儿子认真地听着，也仿佛体味到了那个年代的苦涩。

做西红柿罐头的小实验虽已过时，但儿子在日记中说，他“永远记在了心里”。现在，那瓶西红柿罐头就放在我家客厅的博古架上，我说：“让它作为一个历史的见证和纪念吧。”儿子说：“我们每年暑假都做一个西红柿罐头。过年时我要把它带回老家，和爷爷奶奶一起品尝，我还要听他们讲过去的故事呢!”我相信，这样的故事对儿子的成长一定有好处，这些故事会让他略微懂得祖国这些年来的一些巨大变化，让他感知作为一个中国人的光荣和自豪。

教具变身“四部曲”

教学离不开教具，有了教具的帮助，教学就会锦上添花。随着人们生活水平的不断提高，不经意间，我们身边的教具也在悄然发生着变化。这些变化是那么自然，而回首一望，却又是那么令人震撼。

作为一名教师，我虽然参加工作不到 20 年，但也经历了教具更替的“四部曲”。正如阿姆斯特朗在登上月球时所说的那样：“这是我个人的一小步，却是人类的一大步。”这“四部曲”的每一次更迭都折射出祖国科技发展的一大步，都具有里程碑式的意义；教具的每一次更换，都会让我的教学效果迈上一个新台阶。

我刚参加工作时，常用的教具是教学挂图。记得在教学《美丽的西沙群岛》一课时，我在学校仪器室翻箱倒柜找才到了该课的教学挂图，上面画的是“海底世界”，有很多种热带鱼，还有海龟和大龙虾，栩栩如生。学生边看挂图边读课文，很容易地理解了课文内容，教学挂图帮我很好地完成了授课任务。

不久，我校就买来了幻灯机，每个教室一台。这着实让我兴奋了一段时间。我开始制作幻灯片，并将其放在幻灯机上，画的影像就投射在大屏幕上了，活灵活现。在教学《美丽的西沙群岛》一课时，我把几张幻灯片的一角订在一起，最下面一张画的是海底世界风景图，上面几张有的画着大龙虾，有的画着海龟，有的画着各种各样的热带鱼。演示时，最下面的一张不动，其他的有顺序地转动，这样，大龙虾、海龟和热带鱼都“活”了，学生们赞叹不已。幻灯机让学生记住了海底世界，着实为我的课堂教学增色不少。

九十年代末，“四机一幕”（录像机、电视机、录音机、投影机、投影幕布）进入了我们的教室，更让我的教学如鱼得水。我经常给学生播放科教片，学生看得津津有味。在教学《美丽的西沙群岛》一课时，我播放了带有讲解词的西沙群岛风景纪录片，学生的眼都看直了；还播放了用标准普通话朗读课文的录音带，让学生听到了纯正的普通话，为纠正方言发音找到了好工具；并且用实物投影仪投影了大龙虾和一些热带鱼的标本，学生们大开眼界。结果，学生们在看了电视、听了录音后，很快就背下了课文，大大出乎我的意料。

现在，多媒体早已代替了“四机一幕”。教学不再是简单地传授课本知识，而是实现了现代信息技术与课程的完美结合，由此，教师可以利用多媒体搜集、整理各种教学资源，以辅助自己的教学。多媒体成为教师上课的“左膀右臂”，教学效果更是“与日俱佳”。在教学《美丽的西沙群岛》一课时，我不仅让学生欣赏了西沙群岛的美丽风光，还把学生带入了融声、光、电于一体的情境中。学生置身于这种情境时，不仅对美丽的西沙群岛风光产生了深深的热爱之情，还领略了课文文字的优美。我还借助多媒体课件补充了海洋与人类的关系、人类对海洋的开发等方面的知识，并且借助多媒体课件引导学生领略了重点词句的精妙。学生都觉得多媒体太神奇了，里面什么都有！我也觉得多媒体太神奇了，借助它我能找到并整合自己教学所需要的所有东西。现在，我不仅会用 Powerpoint 软件制作课件，还会用 Flash 软件制作动画课件，一想到这些课件给自己的教学带来的效果，我就会劲头十足，乐此不疲。

“一滴水能反映太阳的光辉”，其实，这教具变身“四部曲”只是学校教育设施变身中的一个缩影，而从这个缩影中，我们看到的是祖国改革开放的巨大成就，是祖国教育灿烂而美好的明天。

怀念学校的黑板报

近日到一所学校参观，刚进入校门，一块黑板报便映入眼帘，顿感亲切，如久违的益友。“校长寄语”“时事要闻”“学校动态”“学校管理”“安全教育”“一周之星”“学习园地”“科技博览”“美文欣赏”“智力冲浪”……栏目丰富多彩，内容新颖而贴近学生生活，图文并茂且字体工整，那行拉长的宋体字更是勾起了我的回忆。

上小学时，我们学校也有两块大大的黑板——在校门口处教室的外墙壁上，用水泥抹成的，黑黑的，很光滑，进入学校一眼就能看到。中间的“校长寄语”是由校长亲自书写的，一句是“迎着朝阳入校，想一想，自己今天该怎样学习”，另一句是“踏着夕阳回家，问一问，自己今天提高了多少”，很醒目。每天看一眼，不知不觉，心里就埋下了“好好学习，天天向上”的种子。

对于只有一两本小人书作课外读物的我们来说，这里简直就是“大百科”，课前课后我们总仰着脖聚精会神、逐字逐句地阅读，有时会读上三四遍，每期内容都深深地印在了我们的脑海里。每两周换一次内容，总是由一位老语文教师和一个教美术的小姑娘来完成，每到换新内容的时候，我们总围在周围叽叽喳喳，边读内容，边看老师如何一笔一笔地写字、如何一笔一笔地勾画，心里满是敬佩，觉得这两位老师实在伟大，普通的粉笔在他们的手中如同有了魔力一般，竟能写出如此好看的字，画出如此美妙的画。两位老师的认真劲儿让我们记忆深刻，因此，我们也潜移默化地受到了熏陶和教育。很多学生看了当时黑板报后，也知道慢慢地、规规矩矩地写字了，不再写得像一团草了，其中就包括我。更妙的是，那个老教师能写出好几种字体，能把字变得很扁，也能拉得很长，能让笔画变得很细，也能变得很粗，还能给字加阴影。不论怎么变，他写的字都是那么好看，那么有意思。更不可思议的是，他能把一个字写得像一幅画一样，一看就能知道这个字的意思，别提多有味道了！从此，我们朦朦胧胧地感觉到“书”“画”肯定有着一定的渊源，也不由地对祖国的汉字产生了浓厚的兴趣，由衷地喜爱起汉字来。我对书法和画画的兴趣，和现在拥有的一点成绩，应该与看了老师办黑板报有着很大的关系，因为在四五年级的时候我就开始偷偷模仿那位老教师的字体了。

应该说，学校的黑板报对学生的教育和影响不只在呈现的内容和结果上，更在写画的过程中。老师严谨的写字和画画态度，无疑是以实际行动对学生进行“认认真真做事，踏踏实实做人”的人生教育。可惜的是，现在校园中已很少看到这样的黑板报了，取而代之的是由闪光的铝合金和玻璃做成的宣传栏，里面贴着学校的成绩、学校的政策法规、学校的活动图片、上级的文件、报纸等，很是气派，很有现代感，但总让人觉得宣传的结果多，教育内涵和教育因素少，对其感兴趣的学生更是寥寥无几。

都说“学校无小事，事事教育人”，要让每一块石头都说话，要让每一面墙壁都育人。其实，不是把低矮的平房变成高大的楼房、把粗糙的墙壁用漂亮的瓷砖贴起来、把老土的小黑板变成时髦的课件、把水泥抹成的黑板变成金属制成的宣传栏，教育效果就提高了。学校管理者应充分挖掘校园中的每一件物品的教育因素，创造条件彰显每一件物品的教育内涵。这应该也算是教育艺术的一部分吧。

“开学第一课”奏响守护生命的乐章

9月1日，是中小学生开学的第一天，“中央二台”播出了《开学第一课》这个节目，节目主题是“让避险走进课堂，让知识守护生命”，分“潜能”“坚持”“团队”三个小节，给全国的学生、家长和教师上了一堂生动的生命教育课。同时，教育部、共青团中央、全国妇联都积极倡导开展“守护生命”的活动。我认为，这堂课奏响了引导学生“守护生命”的乐章，开了一个好头。各地教育机关和学校应积极行动起来，切实开展好学生的生命教育课，提高学生对生命的认识以及遇到各种灾害时的逃生能力、避险能力和自救能力。

一段时间以来，生命教育课鲜有人问津，学生各种求生能力极为薄弱，漠视他人及自己生命的现象屡屡发生。对生命意义和内涵认识不够，对如何开发生命的潜能、如何培养坚定的意志和品格、如何发扬团队精神等缺少知识层面和实践层面上的培训。总之，生命教育这一课亟待补习。这需要教育行政机构、教学研究机构、教材编写机构、媒体宣传机构、各级各类学校等多方面的努力，而学校尤为重要。注重生命教育是学校最大的责任，四川桑枣中学每年都举行防灾避险演练，结果，在汶川地震中只用1分36秒全体师生就有序地撤离到了安全地带，无一伤亡，创造了生命的奇迹。试想，如果其他学校都如此，那汶川地震中有多少生命之花会依然在绽放?

对学生来说，考试很重要；对学校来说，教学生考好试也很重要。但，如果生命不保，知识再多又有什么用?“开学第一课”已将守护生命的乐章奏响，我强烈呼吁，开学伊始，每个学校都上一节“守护生命、应急避险”课，有关部门将“开学第一课”中“守护生命的十大黄金法则”童谣在学生中普及、推广、传唱，真正将“以人为本”的教育理念落到实处。

是该全民上阵，还孩子一双明眸的时候了

2005年全国学生体质与健康调研结果显示，我国学生视力不良检出率居高不下，较2000年小学生增加了8.5个百分点，初中生增加了8.7个百分点，高中生增加了3.5个百分点。

我想，当每个家长、老师看到这个结果时心里都会隐隐作痛，但又一想，这个结果似乎早在我们的意料之中。看看初中生和高中生的作息时间表吧，他们顶着星星到校，披着月光回家，吃饭都争分夺秒，何来锻炼时间，何来眼睛之休息时间。眼睛长期处于紧张状态之中，不近视才怪呢！不然，我们的学生怎么荣膺“世界上最苦的人”的称号呢？如果你随便拉住一个初中生或高中生问他最想干的是什么，我敢说十有八九会说“最想睡觉”。而小学生呢，虽说习惯养成是最主要的任务，但往往又容易被忽视，因为习惯养成是持之以恒的事。要求学生养成好习惯的教师不少，但每天强调并督促学生养成好习惯的却不多；家长更是关心分数的多，关心孩子人生底色的少。

视力不良学生的增多凸显了教育的急功近利。在每个大人的心中都有这个“小算盘”：只有学习好才能上大学，只有上大学才有好工作，只有好工作才有好前途。而怎样才能学习好？当然就是多读书、多写字、多练习，就是多用眼。而怎样合理用眼，谁也不考虑。这也凸显了评价的机械性和单一性。从学校角度说，成绩好的就是好学生，所教学生成绩好的就是好教师；从上级主管部门的角度说，升学率高的学校就是好学校。单一的评价模式使教师和学生的目光都聚在成绩的提高上，学生视力的下降、脊背的弯曲都无人过问。换言之，在“全民皆争”的大背景下，即使心焦也无可奈何。而学生本人呢，学校的硬性制度与“学海无涯苦作舟”的道理以及父母的苦口婆心，足以让每个学生学得毫无怨言。同时，这一现象还凸显了教育监管的漏洞，课程表中体育课的课时能不能上足，学生的两操是

不是到位，学生每天的体育锻炼时间是不是达到了规定，学生在节假日中是否真的得到休息，等等，我想，如果监管到位，学生视力不良检出率增幅也不至于如此之高。说到底，还是因为以人为本教育理念的偏失，要知道，我们培养的不是盛死知识的容器，不是手无缚鸡之力的“目光短浅”的书呆子，而是有血有肉、身体健康、富有探究意识的人！这就要求我们的教育必须要让学生全面发展。

可以说，造成这一现状是全民之“功劳”，全民之悲哀。而要改变这一现状，必须对症下药，全民上阵。首先，改进人才评价机制，考试要考的东西不能只靠死学死记，高分不是凭时间的消磨、视力的牺牲换来的，要把身体素质作为学生考试考核的重要内容。其次，家长、老师要提高以人为本的教育意识，让学生饱受“伤害”而得到好成绩的方法其实是舍本逐末，得不偿失。我们应为学生的终身发展考虑，在培养学生的学习习惯及方法、促进学生的身体健康等方面下功夫。再次，加大监管力度，对有害于学生身体健康的做法严管重罚，减轻学生课业负担，让学生健康地成长。

是该全民上阵，还孩子一双明眸的时候了！

莫让冬季教室“缺氧”

又到冬季，北方的大部分学校都已采取了取暖措施。近日，我到几个学校参观，发现了一个共同的问题，就是上课时所有教室的门窗都闭得紧紧的，推开门就闻到一股浓浓的汗臭味，下课后从教室门前路过时，这种气味也扑鼻而来。不仅如此，据教师和学生反映，自取暖以来，学生课上睡觉的情况明显增多，有时一节课有五六个学生打瞌睡。而且，感冒的学生也多了起来，有时十几个学生同时感冒，而取暖以前从来没有这种情况发生。还有师生反映，课堂上感觉胸闷气短、头昏脑涨、昏昏沉沉。据了解，紧闭门窗主要是因为学校要节约热能，有的学校甚至把所有教室的窗户都钉死了。

其实，学生打瞌睡并不是因为晚上睡眠不足，而是教室内缺乏氧气所致，俗成“闹氧荒”。试想，每班有学生五六十人，甚至七八十人，门窗紧闭，只是下课时教室的门“呼扇”几下，因此，教室里的空气一整天都得不到更换和补充。因为天气冷，学生在课间也不爱出去，这么多人挤在一个封闭的空间内，呼吸有限的氧气，不缺氧才怪呢！门窗紧闭，教室内温度过高，与室外温差太大，学生课下外出时一遇冷空气的刺激，更易感冒，而且若班里一个学生感冒了，就极易引起大面积的学生感冒现象。

很多专家也曾提出建议，在冬季，应尽量让学生在课间休息时离开教室，多参加户外活动，并打开教室门窗更换室内空气。国家也有相关规定：教室空气中二氧化碳的最高允许浓度为 0.15%；同时，每小时人均供应新鲜空气量，小学不低于 11 立方米，中学不低于 14 立方米，高中不低于 17 立方米。如此门窗紧闭，学生人均实际供应新鲜空气量与规定的数值就相差甚远了，教室内二氧化碳的浓度也可想而知，这应该引起有关部门及学校领导的高度重视。

其实，只要真正做到以人为本，从关注学生的身心健康出发，这个问题是不难解决的。笔者所在的学校就从以下几方面来采取措施，较好地解决了这一问题。一是随时让窗户两边各留 15 厘米的空隙，为保证靠窗的学生不挨冻，让这些学生离窗户稍远一些；二是专门安排值日生负责开窗换气，上午课间操时开窗一次，下午上第一节课前开窗一次，每次 10 分钟，平时靠走廊（我校的走廊为封闭式的）一侧的窗户也要及时敞开；三是向所有同学发出倡议，鼓励学生课间出去活动，由前一节课的任课教师组织，以学习小组为单位，每组最少开展一项体育活动。四是要求学生每周必须洗澡一次，勤洗手、洗脸、洗衣服，把个人卫生搞好，保证了教室内的空气清洁。这样，既保证了学生取暖，又能呼吸到新鲜的空气。上课时，教师头脑清醒，学生也精神头十足。

但愿所有的学校领导都真正做到“为了学生的一切”，重视冬季教室内的“氧荒”问题，取暖勿忘通风，倡导学生多参加户外活动，让学生精神饱满地上好每一堂课。

学校的精神磁场在哪里

一所学校课下最吸引学生的地方是哪里？据我了解，对于大学而言，最吸引学生的大概就是上网室了，学生在里面可以网上聊天、玩游戏、看视频，忙得“不亦乐乎”，甚至通宵达旦；而对于小学或中学来说，课下学生最愿意去的地方大概就是学校小卖部了，里面的东西可谓应有尽有，对学生充满了诱惑力。可以说，到上网室上网者，不乏查阅资料、网上学习的学生，但大多还是以娱乐为主，且通宵达旦者，十有八九是玩游戏上瘾者；学校小卖部中，除学习必用品之外，对学生有“营养”的东西可谓少之又少，不论从物质营养还是从精神营养方面都可以这么说。而就是这两个地方，却成了巨大的“磁场”，把学生牢牢地吸引了过去，想来不禁可笑，继而又有种寒心的感觉。

那么，一所学校的精神磁场应该在哪里？当然应该是学校图书室或图书馆。我们都知道，一个“不读书”的社会是人文精神缺失的社会，一个人文精神缺失的社会，是病态的社会；一个“不读书”的民族是创造力贫乏的民族，一个创造力贫乏的民族是没有希望的民族。同样，一个“不读书”的校园是一个没有希望的校园，也是一个失去内在价值的校园。“一个人的精神发育史，实质上就是一个人的阅读史；而一个民族的精神境界，在很大程度上取决于全民族的阅读水平。”知名教育家朱永新一直倡导把阅读融入人们的日常生活，让书籍成为人们的精神食粮，让读书占领业余文化阵地，让浓浓的书香萦绕我们的社会，逐步形成全民自觉读书的浓厚氛围。而学校理应在这一运动中承担相应的责任，只有学生从小养成了阅读的习惯，真正以读书为乐趣，让读书成为生活中必不可少的一部分，书籍才会成为陪伴他们一生的好朋友。倘若学生在学校中都不愿读书，又怎么能奢望其在以后的工作和生活中愿意读书呢？

有的学校可能已经有了一定规模的图书室或图书馆，且藏书甚多，但有了很大的图书馆，并不代表它已发挥了应有的价值。只有引导学生都来阅读这些书，这些书都被学生阅读过，且学生愿意来阅读，来了能阅读好，每本书闲置的时间少于在学生手中的时间，学生一下课都愿意往这里聚，才能说图书馆成为了学校的精神磁场，否则，它只是学校的摆设，只供检查所需或达标所用。可能有的学校没有像样的图书室，里面没有多少书，或只有一些所谓“过时”的或七拼八凑的书。我认为，图书室可以建设得简陋，但书还是应该有的。我们可以少点接待费，但一定要多点购书费，因为在学校中，书是所有物品中价值最高的。而有的书虽陈旧甚至“过时”，但还是应该引导学生来借阅，其精神价值和精神营养并不会因其陈旧而过时的。很多中小学对学生的课外阅读没有进行科学、统一的管理，每一个学校都应该建立“学校图书室——班级图书角——个人图书架”三级阅读资源库，规划书籍在学生中的流通过程，形成“一本书多人读”的局面，这样既节省了经费，又实现了图书的价值。

一所学校，只有让图书室或图书馆成为精神磁场，把学生从上网室或小卖部吸引过去，这所学校才会成为一所充满生机的、蓬勃发展的学校，才能称得上是教育人的地方，而这所学校的学生才会是一群充满希望的、能托起未来重任的人。

在“逼迫”下快乐成长

1994 年，我毕业后被分到了县城的一所小学。回顾自己的成长经历，我很庆幸遇到了一位作风严谨、要求严格的校长。在他的“逼迫”下，我得以快乐而迅速地成长。

忘不了到校报到时校长对我说的话：“‘玉不琢不成器’，虽说‘是金子总会发光’，但有着‘金子’品质的人，惰性往往会使其失去金子的光辉。‘十年磨一剑’，有压力才会有动力，你要做好迎接压力的准备。”当时的我认为，当了教师，成了管别人的人了，也算“多年的媳妇熬成婆”，应该自由了，但校长的这句话让我预感到接下来的日子可能会不好过。果然，很快，铺天盖地的“任务”便接踵而来。

为了让我说好普通话，校长让我跟着电视学，跟着收音机学，每学期测试两次，由他亲自负责。同时规定，每学年一次的全校教师普通话比赛中，我要进入前十名，课下我也必须说普通话。为此，我早上起来就到操场边的树林里或读课文，或模拟上课，或学着播音员的样子练习普通话。一开始觉得很别扭，还不时招来教师和学生异样的目光，好几次赌气不想练了，但想到校长严厉的目光和他的良苦用心，便又自觉地坚持了下来，并一直坚持到现在。

漂亮的板书是教师应具备的基本功，为了让我练好字，校长亲自给我买来字帖，订制了小黑板，要求我每天练 10 个字。经过多年的努力，我的写字水平大有长进。现在，我的普通话水平和写字水平都是全校最好的，我还养成了说普通话、天天坚持练字的好习惯。这两种“本领”让我受益匪浅，无论是校内讲课还是外出讲课，都会引来同事、同行赞许的目光，也得到了学生、家长的充分肯定。

校长还时常让我看学校订阅的各种报刊，并要求我在两年内看完他书架上的书，且要汇报读后感，每周写两篇教育随笔。在他的指点下，我领略了陶行知、苏霍姆林斯基等人的教育思想，走进了神奇的教育艺术殿堂。现在，我已养成了每天读书、写教育随笔的习惯，这些都成为我人生的宝贵财富。阅读、写随笔为我开启了一扇智慧之窗。

为了尽快提高我驾驭课堂的能力，校长让教导主任每周至少要听我讲的两节课，让我每学期至少上两节全校公开课，还要求听课者人人发言，不仅是说优点，更要说不足。为了上好公开课，我把平时的每一堂课都当作公开课上，认真钻研教材，精心备课，研究名家的教学案例，渐渐形成了自己创设情境、引导学生自读自悟的教学风格。

由于校长并不是违反我意愿强制性地“逼迫”，而是带有引导的意味，所以使我很喜欢这种被“逼迫”的感觉。我觉得，一名教师，特别是刚毕业的年轻教师，正处于懵懵懂懂的状态，就像一个摸着石头过河的小孩儿，很需要一个有经验的引路人，引导其如何“充电”，如何少走弯路、快速成长。

我是幸运的，因为我遇到了一个“逼迫”我上进的校长。在这样的“逼迫”下，我快乐地成长了起来。

我被“人前教子”撞了一下腰

俗话说：“人前教子，背后教妻。”从小就听父亲这样说，他也是这样做的。有一次，我往家里赶牛，结果，牛在半路上撒起了野，它挣脱了缰绳，一眨眼的时间就跑得不见了踪影。我边哭边跑回了家，当时我家里正有客人，我刚和父亲说了三个字“牛跑了”，他手中的板凳便朝我飞了过来，幸亏我躲得及时，不然，不知会出现什么后果。长大后我才隐隐约约地理解了其中的道理：妻子怎么说也是成年人，比较爱面子，容易伤自尊心，所以要“背后教妻”；而小孩子不知道什么是面子，加之长辈可能为了在其他人面前体现自己的威严，让别人看一下自己在孩子面前的权威，所以要“人前教子”。可是，这个从父辈那里得来的“家传秘方”让我吃了不少苦头。

一次，家里有客人，自己也喝得晕晕乎乎的，上三年级的儿子放学回来了。我知道今天发期中考试卷，就问道：“考得怎样？”“考得不好！”儿子慢吞吞地说。“多少分？”“75 分。”我仿佛听到了客人对我的嘲笑声，顿时感到丢了面子。“把试卷拿过来！”儿子把试卷递给我，我模模糊糊地看到上面有好几个“叉号”，虚荣心使我火冒三丈，“人前教子”的古训浮现在我的脑海。“你小子！”我拖过儿子就打，妻子和客人都拉我，但儿子的腮上还是留下了我的手印。“不许哭，你给我站在门外！”儿子被我拉到了门外罚站。没想到送客人时，却发现儿子不见了。自己也吓得醒了酒，往亲戚家和儿子同学家打电话，到处找，一直到半夜，终于在某个亲戚家找到了。不曾想，老爸打来电话，骂了我一顿，还撂下一句话：“再让我的孙子在旁人面前抬不起头来，我饶不了你！”原来，亲戚打电话告诉了父亲。我纳闷了，怎么父亲连自己的育子妙招也忘了。最后，我和儿子就此事进行了一次书面交流，儿子的话的确有一定的道理。他说：“我也有自尊心，你打我，让我在别人面前抬不起头来，当时我恨死你了！”你看，平时育子的辛苦和功劳被这一时的冲动给抹杀了。

还有一次，对门父子俩在我家玩，两个小孩儿本来玩得挺好，结果打起来了。我不问缘由，把儿子猛剋了一顿，还不容置疑地让儿子向他的小伙伴道歉。结果，儿子哭着跑进了卧室说什么也不肯开门。事后我了解到，当时其实是对门小朋友不对，他故意摔儿子最喜爱的四驱车，儿子心疼极了，两人便打了起来。“人前教子”的古训又使我做出了简单粗暴的决定，不小心在爷俩儿中间横起了一堵无形的墙。

看来，“古训”也有不对的地方，教育子女也要讲究与时俱进。“人前教子”是要不得的，不仅要“人后教妻”，也要“人后教子”，孩子也有自尊心，应让子女在旁人面前抬起头来。就像陶行知先生在一首诗里写的那样：“人人都说小孩小，谁知人小心不小，你若小看小孩小，便比小孩还要小。”在与小孩的关系上要坚持民主、平等，要理解、信任、尊重儿童，要让儿童感到他和大人一样。儿童是学校、家庭、社会中平等而重要的一个群体，千万别小看了他们。

不要人夸好颜色，只留清气满乾坤

说到师德的最高境界，我就想起了王冕《墨梅》中的诗句："不要人夸好颜色，只留清气满乾坤。"作为教师，要达到这一境界是不容易的，上级的考核、学校和家长的评价大多是看学生的分数。为了一个高分数，教师往往就不顾学生的什么个性、什么特长，而只是千方百计地让学生会考试、考好试。如果不顾及学生考试得高分这个"好颜色"，而是从每个学生的长远发展考虑，多几把衡量学生的尺子，真正做到因材施教，做到问心无愧，达到"只留清气满乾坤"的心境，何其难也，何其高尚也！

我曾接过一个六年级的班，其中有一个学生，我第一次布置的作业他就没做，理由是对学习不感兴趣、对老师不感兴趣。私下我问其他学生，他们都说自三年级以来老师根本不管他，他是班里的"自由兵"，老师们都说他是无可救药了，而且总把他排在教室最后面的角落里，老师的理由就是"眼不见，心不烦"。第一次调桌，我把他调到了中间，而且我无意中发现，他的课本中有一些自己画的小插图，寥寥几笔，就勾画出了课文的大概内容，很是生动。课下我和他探讨一些画画的事，他很乐意谈，我还让他教我画画，渐渐地，他对我"感兴趣"了，对语文课也感兴趣了。他还告诉我他的理想就是当一个漫画家，我说："祝你成功！"毕业时，他送给我一个演草本，里面全是他平时画的一些小画，扉页上写着"送给第一个让我感兴趣的老师"。前几天，我收到了他的一封信，信上说："侯老师，祝福我吧，我被中央美院录取了。就凭你没有说我'无可救药'，我一定给你争口气。"我看后，真有种"清气满乾坤"的感觉。

愿所有的教师都经常想一想"不要人夸好颜色，只留清气满乾坤"这句诗，对当好"伯乐"大有好处。

感谢那次小小的车祸

七月份，我遇到了一次小小的车祸，脚趾骨受了伤。按理说，这是不幸的，我应该痛恨那次车祸才对，但我反而很感谢那次小小的车祸。因为，那次车祸使我知道了健康的重要，使我体会到了学生对我的真挚感情，也使我懂得了怎样开心地过好每一天，怎样去爱我的学生，怎样感恩每一天的阳光、每一天领导和同事对自己的帮助、每一天家人给自己带来的快乐，从而学会了享受生活。

那是在周一早上上班的路上，一辆小三轮车离我过近，把我扯倒，后轮从我左脚上压了过去。幸亏上班的同事和两个家长把我送到了医院。在医院里，最让我感到难受的不是伤痛，而是失去自由不能走路的折磨。看到医生护士穿梭不停，看到爱人跑前跑后，看到孩子蹦蹦跳跳，我才领略到了一个人失去自由的痛苦。有时想上厕所而爱人又不在身边，只能强忍着，既尴尬又难过。那时才深深懂得“健康是福”的道理。平时，自己想去哪里就去哪里，但并没有感觉到幸福，也许因习以为常而从未留意，也许因感觉理所应当而神经麻木，现在只能空想、只能眼馋，现在才知道能下床走路是一件多么幸福的事情啊。正因为这样，当医生告诉我“能下床走路了”的那一刻，我竟激动得欢呼起来，让周围的人惊讶不已。是的，没有亲身经历是体会不到我的心情的，我像出笼的小鸟一样在房间里转了几圈，又来到窗口猛吸新鲜空气，我看着窗外的风景，怎么也看不够。回家的路上，我拒绝了爱人的搀扶，硬是自己走回了家。从此，我上下班不再骑车，改为步行，我在享受自由行走的快乐。现在，我每每想到自己是健康的，是自由的，心情就变得快乐无比，劳累和烦恼都会烟消云散。是啊，什么名利能和健康相比呢？健康的我们又怎么能不好好享受每一天呢？

我要感谢那次车祸的另一个理由是，我体会到了浓浓的师生情。说实在话，已教书十余年的我有时还真的把教书仅仅看作养家糊口的营生，对学生也失去了往日的激情，认为当教师就是一茬又一茬地送学生，好像工人生产产品一样。想到学生时，就只想学生的不好，谁总不认真做作业啦，谁爱和别人打架啦，谁为班级扣分啦，谁上课总做小动作啦，等等。感觉他们总爱和自己作对，总惹自己生气，因此，平时对他们总没有好腔好调。我住院的第一天，王明就拉着家长来看我，他小心翼翼地把花瓶里盛满清水，把买来的鲜花插在花瓶里，还特意在里面放了两条小鱼，说："老师，你看着花心情就好了，你看着鱼就不寂寞了。"我差一点就哭了，我真不相信这就是那个整天让我头疼不已的"调皮猴子"。还有平时作业总是潦草得没法看的李志伟，在我住院期间竟然把作业写得工工整整，看我时还带着作业本，说让我高兴高兴。周末时，总有成帮成群的学生到医院看我，有的唱歌，有的为我讲班里的事，有的讲他们家里的事，欢声笑语充满了病房，惹得医生、护士羡慕不已，说"下辈子也当老师"。在住院期间，我才发现了学生的纯真和可爱，他们有的确实学习慢一些，有的确实调皮了点儿，有的确实管不住自己而违反了纪律，但他们都不是故意的，他们不是真的想惹老师生气，他们的心都是纯真的，是没有污尘的。我彻底改变了对学生的看法，也喜欢上了他们。出院后，我不再动不动就发火，而是俯下身子去问一句："你觉得这样对吗?"学生总用羞涩的神情告诉我，他知道错了。我们总相视一笑，在这抿嘴一笑中，我的心里暖乎乎的，我想学生的心里也暖融融的。现在，我们班爱学习的学生多了不少，让我生气的学生却少了许多。

"祸兮，福之所倚；福兮，祸之所伏。"谁说那次车祸不是一次福的体验呢？不吃苦，不知甜滋味；不经痛苦，不会知道幸福其实很简单。人，有时多一点祸，反而会更知道福的珍贵，你说呢？

有“六要”，学生爱你没商量

很多教师很疑惑，自己兢兢业业，为学生累死累活的，为什么得不到学生的喜欢呢？我觉得，一个教师，如果有了下面的“六要”，学生定会爱你没商量。

一、要有幽默感。幽默感是师生紧张关系的缓和剂。有一次，我的杯子放在讲桌上，一个学生到校后看到我已在教室里，慌慌张张地往自己的座位上跑，无意中把杯子碰翻了，水洒了一地。那个学生很尴尬，其他学生也都“为他捏了一把汗”。我说：“你看，小青年就是有活力。虽说生命在于运动，但还是要有点绅士风度才好。”学生都哈哈大笑。一句话缓解了紧张的气氛，也拉近了我与学生的距离。

二、要有渊博的知识。渊博的知识是学生敬佩教师的增进剂。试想，你整天要求学生学习，自己却总“吃老本”，说来说去就那么一点东西，学生很快就看清了你的“老底”，怎会敬佩你？要知道，你想吸引学生，就要“每天都是新的”，为让学生有“一杯水”，教师就必须是“长流水”，而不能是“潭中死水”。要让学生看你时有种高山仰止的感觉，他们才觉得你是那么神秘，那么深不可测，你才永远是他们崇拜的对象。几年来，我坚持开展“以文引文”活动及“和学生同读一本书”活动，收到了良好的效果。所谓“以文引文”，就是用课文引优秀著作，如学了《小抄写员》，我们一起读《爱的教育》；学了《草船借箭》，我们一起读《三国演义》。我还爱读一些富有哲理的小故事，每个都让我受益匪浅。每次读小故事，我都有意多读几遍，以达到“熟读成诵”的程度。上课前或上课中，在学生注意力不集中的时候，我都会把这些小故事讲给学生听，既提高了学生的注意力，增长了学生的见识，也加深了自己对这个故事的印象。

三、要有一颗宽容心。宽容心是师生亲密关系的强化剂。要知道，“小孩子犯错误，上帝也会原谅的”。想想自己小时候，不也是经常犯大人们所谓的“错误”吗？犯错误是小孩成长过程中必不可少的经历。只要不是原则性的错误，教师就不要揪住不放，更不能“一棍子打死”，关键是让学生明白自己错在哪里，该“何去何从”。教师可能都曾为学生忘记带作业而大伤脑筋，除个别学生是撒谎外，其实大部分学生是真的忘记了。有的老师因为学生一次忘记带作业而大发雷霆，何必呢？对偶尔忘记带作业、诚信度较高的学生，让他想着带来就行了，没有必要非得用惩罚的手段让他“长长记性”。教师要做的是，指导学生怎样能不忘记带作业，如引导学生养成写完作业后放进书包的习惯，养成每天整理书包的习惯等。

四、要有一颗童心。童心是走进学生心灵深处的金钥匙。要能“低下身子和学生说话”，这就要求我们了解儿童的心理世界，要从学生的出发点、兴趣点去解决问题。有一次，初春时节，本来艳阳高照的天，竟在极短的时间内大雪飘飘，雪花出奇的大。正在上课的学生都坐不住了，争相往窗外看，嘴里不由自主地嘟囔着：“哇噻，好大的雪啊！”我干脆让学生都到窗边看雪，学生们的高兴劲儿就甭提了。事后，我让学生就这件事写一篇日记，学生都写得异常生动，除了写雪外，有的学生还写道：“我们的语文老师和别的老师不一样。下大雪时，同学们往外看，换了别的老师，一定会把窗帘拉上。”还有的学生写道：“我们有时对一件事感到惊奇，一些老师总是说‘有什么大惊小怪的，都这么大了，还一惊一乍的’。如果换了别的老师，我们那一声声‘哇噻’不知道会换来老师的多少个白眼，‘上课走神儿’的罪名算是背定了，而我们的语文老师竟然和我们一起‘哇噻’！他真是一个善解人意的好老师！”我觉得，学生的言语虽有点夸张，但都是肺腑之言。

五、要以身作则。以身作则是教师人格魅力的增强剂。“其身正，不令而行；其身不正，虽令不从。”要求学生做到的，教师一定也要做到：要求学生有礼貌，当学生帮你收发作业本时，你一定要说声“谢谢”；要求学生讲究卫生，你看到走廊里有废纸，一定要随手捡起；要求学生节约水电，你看到水龙头在流水，一定要随手关掉；要求学生写字规范，你一定不要在黑板上写潦草字，等等。教师，始终处于几十双眼睛的“监视”之下，你的一言一行都会潜移默化地影响学生。因此，作为教师，你应永远记住“学高为师，身正为范”，学生最瞧不起那种“说话的巨人，行动的矮子”式的教师。

六、要爱微笑。微笑是学生亲近教师的催化剂。微笑能填平教师和学生之间的鸿沟，能推倒教师和学生之间的那堵墙。微笑，能让学生乐于走近你。“亲其师，信其道”，学生只有和你“亲”，才乐意跟你学。如果每一个学生都曾迎过你一个会心的微笑，都曾接受过你对他赞许的眼神，相信你会走进每一个学生的心中。

宽容，来自于儿时记忆

上学期期末，学校在每个班组织了一次“我最喜欢的老师”的评选活动，以不记名投票的形式让学生写出自己最喜欢的一位任课教师，并说出理由。在我们班，有80%以上的学生投了我的票，理由竟惊人的相似，都说我很宽容，能理解他们，乐于给他们改错的机会。这一点，我承认。这都得感谢我的一个教育理念，那就是——学生有了过，先想想自己。也可以说，我的宽容，来自于儿时的记忆。

其实，刚参加工作的时候我并不是这样想的。那时，我的想法是“严师出高徒”，我对这句话的理解就是，对学生不能有一丝的宽容之心，只要他们有了过错，就得让他们一下子改过来，且用惩罚的手段让他们永远记住，不再犯第二次，否则就是教师的失职。直到前年有一次检查作业，我才改变了自己的观点。

那次收作业，我走到王力明同学的跟前。“老师，我……我忘记带作业本了。”王力明红着脸，吞吞吐吐地说。我一听就火冒三丈：“忘记了？又是忘记了！老规矩，罚写十遍，你真是……”我噎了一下，把“猪脑子”三个字咽了下去。

“先站着！”说完，我又检查其他同学的作业。一边检查，自己小时候的一件事不禁涌入了脑海。那时，我和这些学生一般大，我们学校的学生都轮流管住校教师的饭，共有七个老师，每个学生管一天。一次，星期六快放学的时候，班主任对我说：“侯忠彦，咱们班的朱志同学星期一请假，本来轮着他家管老师饭，你先和你父母说一声，你们家星期一管老师饭。”结果，这件事很快就被我忘得一干二净。星期一中午快放学的时候，正在上课的我突然想起了这件事，顿时吓得脑子一片空白。这可怎么办？我不敢和老师说，只能撒谎说自己要去厕所，从教室出来后，我撒腿就往家里跑，刚上气不接下气地把事说完，爸爸手中的板凳就向我飞了过来，当时也没觉得疼，就一瘸一拐地向学校跑去。那时，管老师饭对我们家来说可是天大的事，虽然家里穷，但怎么也得割上一斤肉，打上两斤酒，炒上几个好一点的菜，家里也得收拾收拾。就要到饭点儿了才说，怎么不让父母生气呢？这件事让我终生难忘，今天我又想起了它，心里不禁有了别样的感受。小孩，毕竟是小孩啊，我记得有一句话说"小孩子犯了错，上帝也会原谅的"。但是，当小孩子真的犯了错误时，我这个当老师的怎么就不依不饶，甚至用尖酸刻薄的语言来批评他们呢？其实，谁能说自己小的时候没有犯过错误？我小时候不是也曾因发愁上学而撒谎说头疼吗？不是也曾偷过人家的苹果被人家追得像兔子一般吗？不是也曾骑自行车拽人家拖拉机的后座而被磕得头破血流吗？不是也曾想利用周末去河里捞鱼而撒谎说老师让我们帮着批作业吗？看来，小孩子有小孩子的年龄特点，有时候犯点错是不经意的，也是正常的。正因为这样，童年才是天真的，是难忘的，是"纯洁"的。所以，学生犯了错，老师仅有惩戒之意是不够的，还要有宽容之心。没有过错，一个人就不会长大成熟，正像一只飞蛾，没有破茧之痛就不会有舒展的翅膀。

作业检查完了，我又来到王力明跟前，说："说说怎么回事。"他说："昨天晚上爸爸回来得很晚，今天早上他边吃饭边给我检查作业，结果，吃完饭后我一看时间不早了，就急急忙忙往学校赶，把作业本忘在饭桌上了。""坐下吧，下午带来。"我说。

看来，也得改改自己规定的"铁"纪律了。接了这个班近一个月以来，我一直沿用"忘记拿作业，就罚写十遍"的办法。结果呢，为了让学生写十遍，我费劲口舌，软硬兼施，真是比收"租子"还难。有的学生虽然很自觉地写了十遍，但交作业时看我的眼神，都让我有种不寒而栗的感觉，那是怎样的一种敌视的眼神啊！作业是收上来了，可我觉得学生对老师的爱却永远消失了。甚至有两个学生还直接"撂了挑子"，干脆说作业本也找不到了，"要作业没有，要人有一个"。为了这"铁"纪律，我真有种心力交瘁的感觉。结合自己的经历，想想这"铁"纪律还真有不合理的一面——不问青红皂白，这不就是教学方式方法简单粗暴吗？有时，作业是写一篇日记，结果罚写十篇日记，这不是变相体罚吗？学生怎么会不反感？师生关系不敌对才怪呢！如果当年老师也用这个方法，自己家不是就得连管老师十天饭了吗？想想真有点汗颜了。

从此，我改变了教育方法。我告诉学生一句俗语：“有再一再二，没有再三再四。”也就是说，如果学生再有了过错，老师可以给一次至两次改正的机会，但不能再犯，否则就“格杀勿论”。这一举动深受学生欢迎。其实，他们有了过错自己也很后悔，大多只给一次机会就行了。通过此举，学生和我的距离一下子拉近了，学生也不在背地里说我“凶神恶煞”了。一次，凯岳同学为了满足虚荣心，竟然在小卖部买了张奖状骗家长，家长在给我拜年时说他又得了“三好学生”，谢谢老师的教育。我弄清了事情的真相后，并没有像以前那样把家长叫到学校，也没有让凯岳在教室里低头认罪，而是和他一起把这个苦涩的谎言当成我俩的秘密藏了下来。而凯岳从没有像现在这样刻苦学习，看我的眼神从没有像现在这样亲切，我也深深觉得：对于一个教育者来说，宽容，永远比惩罚高明、管用。

对于我的同行，特别是中小学的同行们，我想说的是，从某种意义上看，学生犯了错，不要急于惩罚他们，而是先想想我们自己的小时候吧！我们的儿时记忆，可能让我们变得宽容一些，也可能让学生更喜欢我们一些。

暑期宜“补”健康课

一年一度的暑假如期而至，和学生一样，教师对这个漫长的假期也充满了期待。平日里工作紧张、繁忙，放假了，终于可以好好放松一下心情，打理一下自己的生活了。很多教师说：“终于可以每天睡懒觉了。”结果，在假期中整天吃了睡、睡了吃，整天懒洋洋、昏沉沉的，反而失去了生活的乐趣。教师平日里工作紧张、繁忙，暑期中放松一下无可厚非，但放假不等于放纵，该怎样让暑假变得既快乐而又健康、充实呢？以我的经验，暑期教师宜“补”健康课。

一是锻炼身体课。平时，教师们披星戴月地工作，往往因繁忙而忽视了身体锻炼，在辛苦了一个漫长的学期后，几乎是带着一身的疲倦进入暑假的。假期正好给我们提供了锻炼的时间，可利用一早一晚好好运动一下，可以打乒乓球、羽毛球，可以到游泳池游泳，可以去旅游、去爬山，可以种种菜、养养花，可以创造条件进行农业劳动，还可以多干点家务活儿，让运动驱走身体的疾患。

二是营养膳食课。平时，教师们工作繁忙，或吃快餐或吃食堂，根本不考虑饮食结构的合理调配。暑期中有充足的时间，可跟着菜谱学，也可跟着电视节目学，给自己和家人做点美食，好好调理一下自己的身体，为下一学期的“革命”攒足“本钱”。

三是重温亲情课。教师们平时把主要精力都放在了学校和学生身上，很少顾及家庭。暑期中，不妨多花些心思在家庭上，多陪陪孩子，和孩子谈谈心，或一起运动运动；多伴伴爱人，和爱人散散步、逛逛街；多和父母唠唠嗑，多尽一份孝心，还可以给疏于往来的同学、朋友、亲戚打打电话，或者一起喝喝茶，交流交流思想，沟通沟通感情。

四是兴趣爱好课。平时工作忙无暇顾及自己的兴趣爱好，暑假中可以养养鱼、弄弄花、下下棋、弹弹琴……还可以找个清净的地方，或小溪边，或密林中，静静地陶醉其中。这样，既可以陶冶情操，又可以放松身心。

当然，学习、反思、总结还是要有的，可以读苏霍姆林斯基、陶行知等教育家的著作及关于新课改的书籍。平时积累的教学经验，正好有时间总结、反思，并撰写成文。还有平时没来得及浏览的网站，没来得及看的名师课堂实录，都可以耐心地、仔细地研读观摩。学校及上级组织的培训活动，也要积极参加。劳逸结合，不亦乐乎！

用责促己亮眼前行 四

责任，是教师之本职。教师的责任，首先在于教书育人。同时，为了提醒自己莫忘为人师的那份责任，还要时时保持一颗警醒的心。擦亮自己的眼睛，明白什么事义不容辞，什么事有违师道。这样，才不至于被一些熟视无睹的所谓“正常”的事遮迷了双眼，才能亮眼前行，迎来无限光明。

应该说，这些所谓“正常”的事很多，很多人已见怪不怪、习以为常，诸如“现造”记录、教育懒政、家访变异，等等。

我，总对学生充满了敬畏，因为祖国和民族的未来依靠他们；总对课堂充满了敬畏，因为课堂是引导学生发展的主阵地，学生的发展耽搁不起；总对校园充满了敬畏，因为这是一个有着强大精神磁场的神圣的育人之地；总对自己的工作充满了敬畏，因为我是一名教师，担负着教书育人的职责。

听一位专家说，他在某国问一位路人为什么十字路口没有一个行人他还坚持不闯红灯，该路人回答：“说不定对面楼上就有一个小孩正看着我，如果我闯了红灯，小孩可能想，大人都闯红灯，小孩也可以。”这种责任感，这种对交通规则、对身教的敬畏感，怎么不让人顿生敬佩之心呢？

身教永远胜于言教，“润物无声”是最高的教育境界。自己大部分的上班时间都和学生在一起，怎能不让我时时如履薄冰、战战兢兢，生怕自己的一点点不负责任的言行玷污了学生们那一颗颗纯洁而美好的心灵呢？

家访“变异”杂谈

随着社会的不断进步，特别是信息技术日新月异的发展，老师教育学生的一个优良传统和法宝——家访，已逐渐被广大教师所淡忘，取而代之的是打电话、发短信、写 E-mail、QQ 聊天，家访大有退出历史舞台之趋势。如果真去核实某些老师写的家访记录，其中的“水分”可能相当高，此语虽有些极端，但家访“变异”之怪现象却不同程度地存在着。

一是家访变“家宴”，不是老师主动去家访，而是家长邀请老师到家里“家访”。当然，到学生家的任务就不是单纯谈学生的学习情况了，也不是单纯了解学生的家庭情况，还有一项重要任务就是赴宴。很多家长还把宴席设在酒店里，往往还要找几个陪客，或是学校领导、老师，或是上级部门领导。一番推让落座之后，教师理所当然地做在主宾位置，以突出主题。喝酒开始，家长先带两个酒，教师不喝不行；家长再单独敬酒，教师不喝不像话；陪酒的又往往是教师本人的熟人或朋友甚至领导，他们敬的酒教师不喝说不过去；如果学生再给老师敬个酒，当然也得喝，感恩之情可都在酒里呢，这也是宴会的主题；学生再给老师端个酒，“一日为师，终身为父”，从哪方面说这酒也得喝；老师怎么也得回敬或感谢两个酒吧，教师与家长携手，学生才会有进步。至于“加深酒”“合敬酒”“满堂红酒”等该喝还得喝。如果老师海量还行，如果不胜酒力，则往往说出一些与教师形象不相符的话，严重者甚至上吐下泻，丑态百出，“谢师”变成了“泻师”。说实在话，老师在学生心目中可都是正人君子的形象，肩负着教书育人、为人师表的神圣职责，这个样子恐怕会在学生心目中留下一个“不可磨灭的印象”，与教师的责任和形象极不相称。而家访的真正用意则早已抛到了九霄云外。

二是家访变“走访”，即家访的主客角色颠倒，不是老师到学生家里进行家访，而是学生家长到老师家“家访”，或曰“走访”。特别是逢春节、中秋等节日，总有家长打听某位老师的住处，见面后也很是客气："老师平时日理万机，没有时间家访。我们今日特来汇报汇报孩子在家的表现情况，也向老师了解一下孩子在学校的表现。老师工作很辛苦，我们也表示一下感谢。"当然，家长手中总或多或少提点什么东西。说实在话，家长设宴或到老师家"家访"，除表示感谢外，往往还会提一些想法，如给孩子调座位啦，上课多提问自己的孩子几个问题啦，发个奖状激励激励孩子啦，甚至让自己的孩子当个小班干部锻炼组织能力啦，等等。俗语云：吃人家的嘴软，拿人家的手短。这都是老师权力管辖范围之内的事，老师自然得"照顾"一下。殊不知，这样做往往顾此失彼，照顾了这个学生就只能损害其他学生的利益，与教育公平原则相去甚远。

三是家访变"传唤"，即老师通过学生向家长传"口谕"："叫你爸（你妈）来一下！"老师在发"口谕"时，往往声色俱厉，学生"听谕"时则惴惴不安，向家长"传谕"时更是战战兢兢。而家长一旦被"传唤"，正忙私事的，要暂时罢手；正忙公事的，要马上请假。若是拖延一两天未去，自己的孩子便有被下达"停课令"的可能。家长到了学校，十有八九得恭立于老师的办公桌前聆听。有的老师口气之严厉，言辞之尖刻，或曰："你们家长可要想好了！"或曰："你们是怎么教育孩子的？"家长"唯唯诺诺"，纵有千般委屈、万般无奈也只有听训的份儿，否则就是自找麻烦。家长听完训可以拍屁股走人，可孩子还攥在老师的手心。不可否认，老师"传唤"学生家长，其目的是好的，有时的确可以对学生的成长起到一些促进作用，而有时却事与愿违：此举不但令家长心生反感，且有的家长回家就把气撒在孩子身上，学生自然产生对立情绪，从此对老师"怀恨在心"，致使师生之间无法沟通。这种对立情绪发展到严重的程度，还会使学生厌恶老师、厌恶学校、厌恶学习。那些年龄大一些的学生，甚至还会串联有相同遭遇的孩子，以暴力对老师进行报复。有些学生害怕父母被老师"传唤"，便哀求亲戚、邻居甚至花钱顾人冒充家长前往学校"听训"，从此，撒谎的种子便埋在了学生心里。

当然，现在的学校班额普遍较大，老师确实比较忙，但我认为，再忙也不应该忽视家访工作。家访是老师的本职工作，也是提高教育教学质量的重要方式、方法。打电话、发短信也好，写 Email、QQ 聊天也罢，总代替不了真正的家访，这些只能作为家访的辅助形式。家访，体现了老师对家长的尊重和对学生的关心。双脚虽然吃了一点走路的苦，却可以使家长感激、学生感动。不少学生因此有所转变，成绩也因此得以提高。不到家怎么叫家访？不到家怎么能深入而全面地了解一个家庭的情况？后进生的转化如何从根本上解决？而“变异”的家访更是使纯洁的师生关系庸俗化，让“衙门”作风侵入校园。

一杯清茶谢师恩，一盘瓜果表寸心。在红红的火炉旁，老师和家长、学生或喝着茶水或嗑着瓜子，惬意地聊着，脸被映得通红，孩子一会儿笑着看看家长，一会儿亲切地望望老师，说到会心之处，爆发出一阵笑声。这是一幅多么和谐而有诗意的画面，又是一幅多么美妙而有深意的教育场面。而家访后，走在回家的小路上，星星满天，月光淡淡，清风徐徐，对老师而言又怎么不是一种人生的享受？

愿真正的家访归来兮！

教师，请别再“现造”了

周一的例会上，校长说了本周的检查工作：临近期末考试，各位教师周五前把各自的教学随笔、听课记录、备课本交到教导处。副校长也要求各位班主任在周五前把各自的班会备课和家访记录交到政教处。

散会后，张老师喊住了李老师：“你的《给教师的建议》还有吗？借我看看。”“干什么?”“这不是要交教学随笔吗？我还一个字都没写呢！今晚回家照着书上抄点，怎么也得应付过去。”

第二天，办公室里的某些教师比往常认真了许多，也不上网了，不再聊天了，“补”教案的在“补”教案，“造”家访记录的在“造”家访记录，真是“兢兢业业”。隔壁的王老师过来了，对正在补教案的魏老师说：“我看看你的听课记录。”魏老师问：“看这个干什么?”“参考参考呗，先给你检查检查。”“这个你也抄啊?”“反正检查也就是数数次数。再说了，我和你听的课不是都一样吗？只是当时没记下来而已嘛!”

当然，这只是个别教师的做法，但我还是要奉劝这些教师别再“现造”了。想想，你是怎么要求学生的，你这样做何谈“身教”呢?

赶走“畸形民主”

儿子放学回家，热情地说：“老爸好！”我一怔：“今天太阳可从西边出来了。暑假作业多吗？”他笑眯眯地说：“这就看你的啦！”我不解：“作业是老师布置的，和我有什么关系？”儿子盯着我说：“老爸，求求你，让我的作业少点吧。节省下时间，我帮你做家务。”我更是一头雾水了。等儿子细细道来，我才知道了儿子的暑假作业到底是多还是少。原来，暑假期间我们当地网站上有一个投票活动，评选“十佳为民服务”先进个人，老师的某个亲戚也在被投票评选之列，老师就把学生的暑假作业与投票挂了钩：给老师指定的这个人投一次票就算完成了一次作业，可顶《快乐暑假》一页，或练字一页，或口算二十道；投两次票可顶日记一篇；投票的次数自己记下来，作为开学后给小组加分的依据，还作为评选班干部的重要条件。怪不得儿子今天对我如此恭敬，原来是想让我告诉他家里电脑的开机密码，他好投票。儿子还让我动员他妈妈用单位的电脑投票，动员有条件的亲戚都来参与投票，不然他这个组长的“宝座”说不定开学后就保不住了。我有点生气，这怎么行，光投票、不做作业怎么能不耽误学习！

我坚决不同意他的请求。先打开网站看看再说——上面共有30位候选人。我们仔细读了他们每个人的事迹，我更生气了，老师指定的那个人事迹平平，如果我们自由投票的话，肯定不投给他。要知道，网上投票体现的核心理念应是民主意识，我们应该把票投给那个事迹最突出、最应该得到这一票的人。如果昧着良心、根据别人的指使，乱投一气，是对当事人的不尊重，是对自己的不尊重，更是对民主意识的践踏。在我的记忆中，去年老师也曾经让儿子回家参与网上投票，给本市一个参加全国保护文物古迹先进个人评选的人投票。如果那次还有点热爱家乡的情感在里面的话，这次的问题可不那么简单了。

晚上，我们召开了一个民主家庭会，在会上我们全家人对网上投票这一社会现象进行了讨论，弄清了网上投票的本质意图是什么。我们也谈了当前社会上把网上投票变成“畸形民主”的人和事。爱人还谈了她单位的一次无记名投票的事情，结果让人很失望：成绩突出的人没得到“优秀”，成绩平平、拉帮结派的一个人却得到了“优秀”。人们对这种异化的民主咬牙切齿。我们还上网搜集此类文章，其中有一篇是王淦生的《当民主沦为一种庸俗的工具》，我们全家人阅读后，都觉得很好，特别是儿子，从中受到了教育。最后，全家人达成一致意见，坚决反对“伪民主”，保持纯洁的心灵。哪怕不当组长，也坚决不被别人牵着鼻子投票，如果投票，也要投给自己觉得应该得票的那个人。因此，作业照做，投票也民主地进行。

此件事，我认为我们的做法是对的，我欣喜地看到了儿子健康成长的脚步。我不知道其他家长是怎么做的，不知道孩子的老师在说这件事时有没有想到自己是“人类灵魂的工程师”、自己从事的是“育人”的工作，我也不知道开学后老师能不能“迷途知返”。我只想说，成人应给孩子创设纯洁的生活、学习空间，别让社会上乌七八糟的事污染了孩子美好的心灵，我们有责任把真正的文明、民主的种子种在孩子们的内心深处，因为他们是祖国的希望和未来。

当“好人好事”与班级量化挂钩之后

世界上有很多东西只要人为地去量化了，成了硬性的规定，成了形式化的东西之后，就会变味，如学校的好人好事记录。

某学校记好人好事的本子就放在传达室，每天上学、放学时总有一些学生围着那个本子等着登记，手里或拿着一根铅笔，或捏着一角钱，或提着一把笤帚，五花八门。再看看本子上，记得密密麻麻，一天就记了三页多纸。难道世界上的好事就这么好做？丢东西的人就这么多？莫不是里面有什么文章？明察暗访之后，我终于找到了答案。原来，这些“好人好事”与班级的量化得分挂钩，每件好事折合多少分，而班级量化分又与班主任的奖金挂钩，于是，其中伪造的“好人好事”便不在少数。

镜头一：“今天你俩又给我们班减了分，说，是什么原因？”李老师一脸怒色。王小明吞吞吐吐地说：“我今天忘戴红领巾了。”周力说：“我也忘戴红领巾了。”“你俩想办法把减的分找回来！”李老师撂下一句话就走了。下课了，王小明和同桌商量了一个办法，他先把同桌的钢笔拿到了学校传达室，在好人好事记录本上记上“拾到钢笔一支”，算是做了一次好事，给班里加了两分。放学时，同桌把自己的钢笔认领了回来，而王小明也完成了老师交代的任务。下午，周力向妈妈要了五角钱，说要买本子，到校后，他径直来到传达室，在好人好事记录本上记上“捡到五角钱”，也加了两分，完成了老师交代的任务，补偿了忘戴红领巾的“损失”。

镜头二：王老师在主持评选本月的“好人好事小明星”活动，他拿着从政教处抄来的本班本月好人好事得分，激动地说：“这个月，我们班的学生表现很好，思想都有了很大进步，平均每人做好事两件多。朱明明同学一天就‘捡’到三次钱，真是拾金不昧的典型，希望同学们向他学习，给我们班多加分，为我们班争光。我宣布，本月我们班的‘好人好事小明星’是朱明明，同学们为他鼓掌。”在稀稀拉拉的掌声中，很多学生都用异样的眼光看朱明明，有几个学生还冲他吐舌头，朱明明好像没有一点自豪感，红着脸、低着头。其实，他很心疼，为了“好人好事小明星”，他储蓄罐中的钱可不多了。这也比某些学生“强”，有的学生把午餐费都变成了“捡”的钱，也没有评上“好人好事小明星”，名利两空。同学们都知道其中的猫腻，老师当然也心知肚明，都是量化分惹的祸。

镜头三：周六李静同学到爸爸开办的工厂里，死缠硬磨，让爸爸代表工厂给学校写一封表扬信，就说她们班的张欣欣等三个同学利用周末到厂里义务打扫卫生，还必须盖上厂子的公章。被逼无奈，李静的爸爸只好让秘书写了一封表扬信，言辞极其诚恳，谓张欣欣等三个同学如何不怕脏不怕累、打扫得如何干净，对该校培养出如此优秀的学生表示钦佩和感谢云云。周一在校门口，李静和张欣欣一碰头，各自掏出表扬信交换了过来。原来，张欣欣同学也让开工厂的爸爸写了一封表扬信，只是打扫卫生的当事人成了李静等三位同学。结果，两封表扬信给班里加了 10 分。一下子，李静和张欣欣成了班里的大功臣，成了班主任眼里的优秀生。

本来，学校的好人好事记录本是培养学生拾金不昧、助人为乐等良好品德的阵地，是反映学生思想道德意识的一个参考，也是激励学生提高思想道德水平的一种手段。小学生正处于心智成长的关键时期，学校采用一些激励办法培养其上进心是必要的，学校对捡到物品主动交公的学生登记在册并给予表扬，本来无可厚非。但，如何利用好这个记录本却大有学问，如果将适当引导变成大力倡导，对这个本子的管理简单化，且只重视结果、不重视过程，就可能带来误导的不良后果，记录学生的上进心就有可能转化为虚荣心，从而导致一些弄虚作假的现象发生，这不仅违背了设记录本的初衷，还会适得其反，影响学生心智的健康成长。

试想，学生从小就为达目的而不择手段，并将一颗撒谎的种子种在了心灵深处，受到功利思想的侵蚀，其后果，想想都让人感到可怕、揪心，此等“好人好事”无异于“坏人坏事”。教师，应该更关注事件的过程，而不是结果。

所以，我认为，教育中的一些东西，有则记，无则不记，顺其自然，不能什么事情只看记录，只看材料，更不能动辄就与量化挂钩，动辄就与评优挂钩，否则，非变味不可。

农村幼儿教育“小学化”亟须遏止

到农村走亲戚，他家四岁的儿子正在写作业。我一看，写字姿势很不正确，字的笔顺也不对。亲戚却很自豪，说儿子会写一百多个字了，会算30以内的加减法了，能默写所有的声母和韵母了，等等，一直夸孩子老师教得好。此亲戚的想法和幼儿教师的教育方法很是令人担忧。

据我了解，农村幼儿教育“小学化”现象现在很普遍，学拼音、学写字、学英语、做数学题、背古诗等已经成为主要“课程”。此现象危害极大。一是孩子还未上学，就已厌学。很多孩子不愿去幼儿园，很大原因就是学的东西枯燥无味，孩子感到吃力，对学习也产生了恐惧和厌恶心理。二是扼杀了幼儿的天性，剥夺了幼儿的快乐。“小学化”的幼儿教育方式使幼儿失去了学习、创造和探索的机会，使天才被扼杀在摇篮之中。三是不利于幼儿身体的正常发育，危害了幼儿的身体健康。比如，幼儿手部骨骼肌肉没发育好就学写字，会对幼儿身体造成伤害。现在，有好多孩子写字姿势不正确，就是在幼儿园养成的。四是不利于幼儿健全人格的形成，危害了幼儿的心理健康。幼儿过早背上了沉重的课业负担，活泼好动的个性受到了压抑、摧残，心灵也遭受创伤。五是遏制了幼儿智力的全面发展，忽视了幼儿教育的“关键期”。六是忽视幼儿非智力因素的培养，不利于幼儿良好行为习惯的养成。

造成幼儿教育“小学化”的原因，一是幼儿园迎合家长“望子成龙”的心理，不懂教育规律的家长急功近利，认为孩子在幼儿园学的东西多，上小学时就能轻松一点，不会输在起跑线上；二是幼师素质不高，很多幼儿教师不是科班出身，只能停留在“保姆式”及“小学化”教学上；三是幼儿教师不愿费脑筋引领孩子做各种智力游戏，认为不如直接教小学知识既不费心思又讨好了家长。

要遏制幼儿园教育“小学化”的趋势，一是要通过正面引导和宣传，改变家长的思想观念，给家长“洗脑”；二是通过培训等方式更新幼儿教师的教育理念，提高其教育技能；三是改革幼儿园评价制度；四是幼儿师范院校在招生时，要严把质量关，同时提高办学质量和办学理念；五是各类幼儿园要严格执行教师资格制度，优先录用师范院校幼儿教育专业的毕业生任教，不断优化幼儿教师队伍结构。只有多管齐下，才能保证幼儿身心的健康发展。

奖状发放之三“怪”六“忌”

发奖状本是为了激励先进、鞭策后进。评选时就应该严格把关，既要班主任评选，也要任课教师参与评选，还要组织学生参与评选；既要看期末考试成绩，又要看平时表现；既要注重“质”，又要注重“量”，还要考虑到“面”。这样才能最大限度地发挥奖状的激励作用。但在有些班主任手中，奖状却成了换取人情、谋取私利的工具，由此出现了诸多“怪”现象。发奖状看似小事，但对学生来说却是一件大事。班主任只有考虑全面，谨慎对待，才能充分发挥奖状的激励作用。又到学期末，愿以下三“怪”六“忌”能给班主任老师们一点有益的启示。

一怪：“肥水不流外人田”

“刘老师，这次你们班评几个‘三好学生’?”既是家长又是本校某班班主任的李老师走进来问。“不管评几个都会有咱们家李晓璇的份儿，你放心。”刘老师回答。“这不好吧？这次考试她考得不好，上一次她还骂同学，惹得人家家长来找。”“不要紧，我可以不在班上公布，你捎给她。不然，你们家亲戚问起来，孩子多没面子。咱们当老师的，别的忙又帮不上，‘肥水不流外人田’，这不是应该的吗?”“那就太感谢你了！过了年我和璇璇到你家拜年。”“不用了，哪一年也这样，真不好意思。”“这也是应该的嘛。”

她俩正客气着。“李老师，来，我和你说点事。”身为本校主任的王老师把李老师拽到了走廊一角。“这次发奖状，你看能不能照顾一下衣可可，他爸爸都打过好几次电话了。”“没问题，‘肥水不流外人田’，这个面子我还是给的，不然，你小舅子还不把你吃了?”“你看，麻烦你了。”“不麻烦，上次学校推荐一名县级优秀少先队员，没有你的帮助，我家璇璇能被报上去？彼此彼此嘛。”又是一阵客气。

好一个“肥水不流外人田”!“肥水”是流进了“自家田”，而老师的良心和好形象却流走了。

二怪：奖状成了“香馍馍”

政教处里，袁老师恳求着：“王主任，你手里到底还有没有奖状？快再给我两张，求你了好不好？”“没有了，真的没有了。咱们每个班发了12张，昨天你又单独要了3张，怎么还不够？全校20个班主任都来要过了，就差把我的办公室翻个底朝天了。”王主任说话的间隙，袁老师竟然从沙发坐垫底下搜出了四张奖状。她笑嘻嘻地说：“我就知道你有‘埋伏’，这招不灵了，幸亏你提醒了我。”王主任慌忙反过来恳求说：“我就剩下这几张了，你最多再拿一张，我还有三个‘铁关系’呢！算我求你了行不行？”“好哇，见见面，分一半。”袁老师扔下两张奖状，嘻嘻哈哈地跑出了政教处。

她刚走到二楼，迎面碰上了贺老师，问道：“你干什么去？”贺老师说：“我再问问王主任，看到底还有没有奖状。你看教育局刘科长的儿子在我们班，好歹总得给他一张吧。纪力康的家长请了几次客，逢年过节人家也常走动，不给纪力康奖状也说不过去……”

这时，奖状简直成了“香馍馍”，而这“香馍馍”却不是送给该得到它的学生。不知老师发奖状时，敢不敢正视所有学生的眼睛？

三怪：制造“奖状专业户”

教室里，窦老师在发奖状。“‘三好学生’有张帅、王凯、胡贺伟……”“‘优秀班干部’有张帅……”“‘文明小少年’有张帅……”“‘智力大王’有张帅……”“张帅怎么这么多奖状？”“谁让人家聪明呢！”“他爸爸可是一个大官！”“他可是老师的红人。”学生们纷纷嘀咕起来。奖状发完了，得到奖状的几个学生兴高采烈，有几个在大声数着自己的奖状：“一张，两张，三张……”而大部分学生都低着头，眼睛里一片茫然。万治勇则小声嘀咕：“贫富分化太悬殊了！我平时写字总得‘优’，为什么‘小小书法家’没有我呢？”

针对以上“怪”现象，发奖状时应做到六“忌”。

一忌一把尺子来衡量。一方面，要多元评价学生，除了发“三好学生”“优秀少先队员”奖状外，还要发“写字小能手”“助人为乐好少年”“体育小明星”等奖状，从多方面发现并肯定学生们的闪光点。学校最好除了发统一印制好的奖状外，再给每个班准备几张空白奖状，让班主任根据班级实际情况进行创造性发挥，如表彰“进步之星”“劳动之星”“孝敬之星”

“路队之星”“管理之星”“团结之星”“卫生之星”“爱心之星”等。这样会使班级管理更加人性化，也会最大限度地发挥奖状的激励作用。另一方面，在发奖状时要全面考虑，如发“三好学生”奖状时，不能只考虑学生的学习成绩，而应综合考虑学生在德、智、体、美、劳等方面的实际表现，切实把奖状发给那些德才兼备的学生，引导学生既要学到知识，更要学会做人。

二忌班主任搞“一言堂”。确定奖状获得者人选时，既要让所有任课教师参与讨论，也要让学生参与投票或讨论。不能由班主任一个人说了算，也不能“暗箱操作”。要充分体现民主意识，在听取任课教师和学生意见的基础上，综合考虑学生的表现，确定奖状获得者人选，并说明为什么把奖状发给此学生，让其他学生心服口服。

三忌平时承诺不兑现。有的老师平时就给学生许了一些承诺。例如，写作业好的，年终发奖状；平时表现好的，三张“小喜报”换一张奖状。但是，在真正发奖状时却忘记了承诺，觉得自己当时只是随口一说。承诺不能兑现，使学生认为老师在骗人，这就导致管理效果大打折扣。

四忌制造“奖状专业户”。有的学生确实很优秀，学习好、纪律好、写字好、画画好，于是，奖状得了一大堆，成了“奖状专业户”；而大部分学生却两手空空。这就造成“贫富差距过大”的局面，此举对“贫”者是一种极大的心灵伤害，对“富”者的成长也没有多大好处。教师可以适当扩大鼓励面，从而激励大多数学生。

五忌“还人情”和“换人情”。有的班主任发奖状不是看学生表现，而是考虑自己平时得到了哪个学生的家长的帮助，哪个家长和自己关系不错，哪个学生是某个同事的亲戚，哪个家长是领导，等等。教师把奖状当成自己“还人情”和“换人情”的工具，不仅发挥不了奖状的激励作用，还会招来学生和家长的嘲笑。

六忌奖状“一统天下”。奖状数量毕竟有限，除发奖状外，还可以采取其他奖励方式。为扩大激励的面，可发一部分“喜报”。这样就扩大了激励面，肯定了每个学生的优点，让每个学生都能高高兴兴地结束一学期的学习。

总之，奖状就是导向，是班级价值观的核心体现。教师应最大限度地发挥奖状的激励作用，用奖状引领学生奋进，引领学生去实现自己的人生理想。

倡议拒绝“谢师宴”，好！

近日，某中学的高三教师集体发出倡议：拒绝“谢师宴”，支援地震灾区。我不禁为这一倡议叫好。

每年学生毕业时节，总见各酒店推出“谢师宴”“感恩宴”“同学告别宴”“庆功宴”等项目。我也多次看到某些人因醉酒在路边呕吐，从与其同伴的对话中听出都是“谢师宴”惹的祸。

确实，孩子毕业了，或考上高中，或考上大学，家长想要“谢师”是可以理解的，这也是尊师重教的表现。然而，“谢师宴”并不是“谢师”的最好形式。别的先不说，单说宴会上的喝酒，就可见一斑。家长先敬两杯酒，教师不喝也不行；家长再敬酒，教师不喝不像话；陪酒的又往往是教师本人的朋友，他们敬酒，教师不喝说不过去；学生给老师敬酒，当然得喝，感谢之情可都在酒里呢，这可是宴会的主题；学生再给老师敬酒，“一日为师，终身为父”，不论从哪方面说这酒也得喝；老师怎么也得回敬吧，学生有了出息，总得表示祝贺才行。至于“加深酒”“合敬酒”“满堂红酒”等，该喝还得喝。三喝两喝，老师往往不胜酒力而胡言乱语，甚至上吐下泻，丑态百出。教师在学生心目中可都是谦谦君子的形象，肩负着教书育人的重任，而酒后的窘态恐怕也会在学生心中留下一个不可磨灭的“印象”，与教师的责任和形象极不相称。

学生取得了好成绩自然是一件好事，其实，教师用语言或书信向学生表示祝贺就行了，应倡导营造纯洁良好的社会风气。可以说，教师频频赴“谢师宴”，亵渎了教师以德育人的形象，使纯洁的师生关系庸俗化。对于家长和学生，一杯清茶谢师恩，一盘瓜果表寸心，一纸谢师笺足矣！“谢师”作为一种传统美德，不必非要选择宴请的方式。学生对教师最好的报答应是奋发学习、成人、成功、成才。“谢师”不必非得“泻师”，可把节省下的钱用到合适的地方，正如某中学的教师倡议的那样：“如果学生非要请客，那就将请我们吃饭的钱捐给地震灾区。”有的学生以自己设计谢师卡片、制作谢师网页等方式表达对老师的谢意，既没有陷入吃吃喝喝的俗套，又能让老师留作永久的纪念，这才是一种文明健康的谢师行为。

师者，以德树人，为人师表，拒赴的是“谢师宴”，树立的是自己的良好形象。

教育“懒政”当止

据新华社报道，为了打击手机短信诈骗犯罪，某县采取了关闭全县所有银行柜员机的方式。但是，此种做法颇有“懒政”的嫌疑。

其实，说到“懒政”，在教育行业突出体现在学生安全方面。为了保证学生安全，集体组织的课外实践活动少之又少，某些教师甚至连体育器材都不敢让学生碰。

还有收费问题，这更是要命的事。“收一分钱，必须学校说了算”“任何教师无权向学生推荐任何形式的读物”等话语铿锵有力，由不得教师不谨记于心。这是一件好事，对杜绝教育乱收费、树立教师良好形象起到了重要作用。可是有时家长很希望自己的孩子读些好书，却又不知道什么样的书算“好书”。可教师肯定知道，但又不敢推荐，有时一推荐，就有了“藏猫腻”的嫌疑：是不是吃回扣了？是不是与哪个书店有关系？学校调查的时候，学生一说：“某某老师让我们买什么什么书。”完了，这个老师就是跳进黄河也洗不清了。

看来，有很多问题不是一个“关”字、一个“停”字就能解决的，教育部门和教育工作者更不应该过多地“关”与“停”，不能因为怕出现问题而“因噎废食”，将很多有利于学生身心发展的新规定、新想法扼杀在摇篮里。长此以往，教育改革之路就会越走越窄，新课程的实施也终将成为“纸上谈兵”。教育部门应从学生的利益出发，想办法为学生的发展创造条件。

“懒政”还表现在教师的课堂上。上午第三节课，音乐老师王老师走进了教室，说：“课本上该学的曲目我们都学了，这节课同学们自由读书，也可以做手工，但有一条，就是不许说话。”然后，该老师找了个座位坐下了。

上午第四节课是体育课，学生来到操场上，集合完毕，张老师说：“今天天气比较热，同学们自由活动，不准打闹。”然后，该老师乘凉去了。

下午第一节是美术课，孙老师说：“课本上的内容我们已经学完了，这节课同学们自由画画，但不准说话。”他也找了个座位坐了下来。

下午第二节是科学课，刘老师说：“这节课同学们自由复习，不许说话。”然后，他拿出了一本小说读了起来。

虽说教师要给学生一定的自由空间，但这样的“自由”不可取，因为这种自由实际上是教师“惰性”的表现，也是对学生不负责任的表现。有的老师可能会说，学生太需要“自由”了。其实，此“自由”非彼“自由”！真不知是学生太需要这样的“自由”，还是老师需要这样的“自由”。

教育“懒政”当止！

分班的猫腻

一开学，我校的副校长找到五年级级部主任李老师："你们利用两天的时间分班，一定要本着公平公开的原则，把学生分均匀。"还是按照平常的分法，先由班主任负责把本班每个学生的期中、期末的学情检测成绩加起来，算出总分，排出名次。晚上回到家，班主任刘老师就开始忙活开了：张力，本来是全班第一名，把他排成第十名；李志，本来是全班第二名，把他排成第十五名；还有王柯、纪浩……在刘老师的操作下，八名学生的名次被改变了。当然，成绩单还是要重做一份的，可这一切都做得天衣无缝。

第二天，一切按原来的方法进行分班：从第一名到第三百多名的学生，按考试成绩把他们均匀分成六份，每个班主任"抓阄"摸一份。

关键时刻到了，刘老师快速浏览了自己摸到的学生名单，看到昨天晚上被自己改变名次的八名学生中有一个在其中。她开始问："原来二班的张力分到了几班?""在我班。""张力他爸爸是我同学，昨天晚上还给我打电话说让我继续教他，我们能不能换一下?"本着"等价交换"的原则，刘老师用班中一个第十名的学生把"张力"换了过来。"原来二班的李志分到了几班?""在我们班。""我们换过来吧，李志是我三表姐的孩子。我要是不教他，我表姐会不高兴的。"她又用一个第十五名的学生把"李志""等价"交换了过来。当然，还有"王柯""纪浩"……她都一一用不同的理由把他们换了过来。

走出办公室后，刘老师心里想："这几个学生又可以保证我们班今年的成绩不用愁了!"

莫让选择性记忆忽悠了你

弗洛伊德曾提出，人的记忆是有选择性的，有些痛苦的事，人不愿意再想起，就会自动抑制而遗忘；而对美好的事情，却总是不容易忘记。医学家也曾通过研究证实，人的记忆具有选择性，总是习惯于记住美好的东西而忘记不愉快的事情。确实，对一件让你喜忧参半的事情，若干年后，你所记住的可能只是快乐的部分，而令你不快乐的那一部分，或是全忘了，或是印象不深。即使上学时与某一个同学发生过不愉快的事，但随着时间的推移，留在自己脑海里的也只是那个同学的好。或许，人性本趋乐避苦，这也是一种幸福的本能吧。

而作为教师，却往往被选择性记忆所忽悠。刚开学的时候，我新接了一个班，总觉得事事不顺心，总觉得这些学生不如自己上学期教过的学生，于是，大发牢骚，总是说："这些孩子怎么这样啊?""我怎么这么倒霉，碰上了一群这样的孩子。""真是黄鼠狼生老鼠，一窝不如一窝，一茬不如一茬。"甚至在课堂上也这样呵斥学生。这就是被选择性记忆所害的结果，其实，我过去教的学生也是调皮的，也并不都是那么美好的，甚至还不如这些学生，只不过在我的记忆中只留下了他们好的一面而已。如果总是这样埋怨学生，教师只能徒增烦恼。"罗森塔尔效应"和"皮格马利翁效应"说的就是这个道理。

"罗森塔尔效应"说的是心理学家罗森塔尔做的一个心理学实验。罗森塔尔来到一所学校，说要帮助学校挑选出最有潜力的学生，而且还让学生做了很多心理学测验，最后他把结果告诉了老师。老师一开始非常疑惑，因为心理学家给他的名单中，有很多是班级里最差的学生。一年之后，心理学家再次来到这所学校，老师兴奋地告诉罗森塔尔，他的预测很准，当初很差的学生现在表现得非常好。这时，罗森塔尔说出了实情，其实他根本就没有让学生做什么心理测验，那个名单上的学生只是他随意点出的而已。老师的期望才是使这些差生改变的原因。

“皮格马利翁效应”说的是一个古希腊神话故事。古代的一位国王被他自己所雕刻的美女塑像所吸引，后来，他深深地爱上了这尊石像，并为她不思茶饭。他非常希望这个石像可以成为一个活着的人，他的真爱感动了上帝，石像真的变成了一个活人。

“罗森塔尔效应”和“皮格马利翁效应”现在被称为“期望效应”，即你的期望对你行为的结果有很大的影响。如果教师总觉得自己的学生不行，那么对学生的期望值就低了，对教育教学就会失去信心，而学生在教师的“一茬不如一茬”的论断和暗示下也会觉得自己真的不行，从而信心全无。

新学期开始的时候，愿所有的教师都不被选择性记忆所忽悠，相信现在的学生是最好的，这样才能心平气和、信心百倍地进行教学，而且会越教越好。

公开课慎说“下节课，我们……”

近日我到市里听了几节公开课，上课的都是各县的骨干教师。临下课时，老师都给学生布置了课下拓展性作业，听的六节课里竟然有四个老师说：“下节课，我们……”有一位语文老师讲完《一夜的工作》后，让学生课下去搜集有关周总理的材料，说下节课办一个以周总理为专题的手抄报展；有一位老师讲完《鸟的天堂》后，让学生课下想解说词，说下节课让学生当“导游”，解说“鸟的天堂”；另外两位老师，一个让学生搜集关于送别的古诗，说下节课展示，一个让学生回家后把课文当成故事讲给家长听，下节课在班上举行讲故事比赛。

如果是老师平时给自己的学生上完课后，布置这样的作业是很好的，因为可以有效地让学生进行拓展性学习，开发课程资源，巩固所学知识。但不要忘记，这是在上公开课！下节课还由你给这些学生上课吗？不是的。下节课上，是不是他们的老师也会和学生一起做你所说的事呢？公开课的课题往往不是学生正在学习的那一课，那么，这样一来，讲公开课的老师就成了说谎者，就是给学生开了一张空头支票。学生在课下进行了精心的准备，可在下节课却用不上，他们心里会怎么想？其实，上公开课的老师布置这样的作业，无非就是要体现开发课程资源的教学理念，让人看到课堂教学的完整性，展示授课者的课堂教学路子，但切不可为此而舍本逐末，给学生一种“老师都可以说到却做不到，我们又为什么不可以”的印象。

其实，公开课上老师“欺骗”学生的事还有不少，比如，老师课前答应学生“上课表现好的同学，课下会发奖品”，而发不发就是另一回事了，反正学生上课时与老师配合得挺好。

教育无小事，事事教育人。当老师的，什么时候都应以“德”字为先。

高考，拷问学生的“规则意识”

高考，刚刚结束。从高考整个过程来看，学生都能严肃认真地答卷，但从高考过程中的细节来看，高考凸显出学生“规则意识”的淡薄，可以说，学生的“规则意识”亟待加强。一是有的考生在校园内无视警戒线，根本不把警戒线放在眼里，任意跨越警戒线甚至践踏；二是有的考生无视各种“警告”，不让带电子手表却非带不可，不让在考场内大声喧哗却不听，不让把草稿纸撕破或带出考场却依然我行我素；三是有的考生时间观念差，不按时到考场门外等候，或在校园内闲逛，或直到考试前几分钟才匆匆入场，有的超过入场时间却和监考人员吵闹，等等。

俗话说：“无规矩不成方圆。”只有人人恪守规则，社会这个大机器才能正常运转，社会才能和谐发展。规则意识是衡量一个国家公民素质的重要尺度。有这么一个经典的故事说明了我国公民的规则意识与别国的差距问题。一个中国青年到国外留学，期间谈了一个女朋友，在一个夜深人静的晚上，两人骑单车路遇一个十字路口。按在中国的惯例，此青年看看路口无警察又无行人，便径直骑了过去。而其女朋友一直等到绿灯亮时才骑过去，且说要和他分手，最后她留下一句话：“红灯你都敢闯，还有什么事你不敢做!”此青年回国后，又谈了一个女朋友，又是在一个夜深人静的晚上，两人骑单车路遇一个十字路口。此青年接受了以前的教训，在路口等着绿灯亮再骑过去，此时他的女朋友却径直骑了过去，此青年一直等到绿灯亮时才过去。没想到，他的女朋友要和他分手，也留下一句话：“红灯你都不敢闯，还有什么事你敢做!”此故事虽有虚构的成分，但也能折射出我们的公民规则意识的淡薄。

说到规则，其实它的范畴很广，既有道德层面的，也有法律层面的。在步行街上骑车是不讲规则，随地吐痰是不讲规则，吹“黑哨”是不讲规则，贪污受贿也是不讲规则。游戏有规则，职场有规则，学校有规则，一切皆有规则。

对学生规则意识的培养不仅要靠舆论与法制的力量，也要靠教育的力量。我们应教育学生既要有创新意识，也要有规则意识。但愿我们的学生不仅在考场上能严肃认真地答卷，而且能时时讲规则、一切按规则办事，能承担起自己该承担的责任。

从“红领巾是用鲜血染红的”说开去

邻居家刚上一年级的孩子小童，总不愿戴红领巾，好不容易逼着他戴上了，可一到校门口他就摘下来。问他原因他也不说，邻居也拿他没办法。

为揭开这个谜，我问小童：“你的红领巾是怎么来的?”他迟疑了很长时间，也不肯说话。我故意激他：“一定是在大街上捡的。”他这才慢条斯理地回答：“是老师发的呗。”我又问：“你知道红领巾是怎么来的吗?”他说：“我知道，但我不告诉你。”我又激他：“你知道才怪呢！你要是知道，你就一定会戴的。”他白了我一眼：“正因为我知道，我才不戴呢!”我很纳闷，又说：“那怎么别的学生都戴呢?”他很自豪地说：“因为他们都不知道红领巾是怎么来的，才整天戴着，一群傻帽儿。”我越发纳闷了，没有办法，只好说：“小童，这样好不好，你告诉我红领巾是怎么来的，我保证不和别人说，明天我给你买一盒魔法卡，怎么样?”他眨巴眨巴小眼睛，郑重其事地对我说：“那你一定保证不告诉别的同学，不然他们都会不戴的。来，我们拉钩。”拉钩后，他才贴在我的耳边神秘地说了一句话：“红领巾是用鲜血染红的，你说可怕不可怕!”我又问了一句：“你听谁说的?”他说：“是上三年级的表姐告诉我的。她亲耳听老师说的，好像是用什么烈士的鲜血染红的，她也不愿戴红领巾。她还告诉我，国旗也是用鲜血染红的，可吓人了。”我总算搞明白了，原来是这样，他们都没理解“红领巾是用革命先烈的鲜血染红的”这句话的真正含义。我问他：“是谁发给你的红领巾?”“班主任老师呗。”“怎么不是少先队辅导员发呢?”“辅导员？没听说过。”“你们班没有辅导员吗?”“没有。”“那你们班有少先队中队长吗?”“没有。”“那老师发红领巾的时候，没有讲红领巾是怎么来的吗?”“没讲，只说拿两元五角钱。”于是，我代替辅导员又给他补了“红领巾的由来”一课，小童这才肯戴红领巾上学了。

一句“红领巾是用鲜血染红的，你说可怕不可怕”凸显了革命传统教育的缺失，反映了当前教育的极端功利性。据调查，竟有不低于1/3的小学不设少先队辅导员，而由班主任兼任；即使有少先队辅导员也形同虚设，队会活动开展得极少，大部分只是应付上级的检查，只是完成上级布置的活动任务而已。

同时，此语也反映出教师居高临下的教育姿态和惰性。我们总说“要蹲下身子和学生说话”，要从学生的角度出发看问题，但老师们在说“红领巾是用革命先烈的鲜血染红的”这句话时，是否考虑到学生能真的听懂它的含义？老师们为什么不给学生讲一点关于红领巾和革命先烈的故事呢？老师若是讲清戴红领巾的真正意义，学生还会被红领巾吓成那样吗？有些老师可能不愿用过多的时间来处理这些事情，来给学生讲解这些知识，因为，考试并不考这些内容。

学生需要少先队辅导员，需要革命传统教育，更需要各种各样的少先队活动，而不是戴一条不知其意义的红领巾。

莫忽视教师的办公桌文化

某大学学生食堂的饭桌上出现了提醒学生节约粮食的图片，并附以“天地粮心”等幽默语言。我们暂且将这一现象看作是餐桌文化的一部分。我认为此举十分必要，学生们吃饭时不经意地看到这些话，也会受到潜移默化的教育，养成节约的好习惯。由此，我想到了教师的办公桌文化。

办公桌上摆点什么，可能大多数老师并不在意，其实，这很有讨论的必要。说办公桌文化，可能说得大了点，但起码这也是校园文化建设的一个组成部分。到医院就医，往往发现医生桌子上有几本厚厚的医学书，让人看了顿生敬意。很多老师的桌子上，不是学生的试卷就是学生的作业，虽能看出老师很敬业，但总让人觉得老师缺少了精神层面上的东西。我曾去过一所农村小学，看到一位老师的办公桌上有几个洞，上面是一块残缺不全的玻璃，玻璃下面则是这位老师自己写的一首诗歌，题目是“风景这边独好”。我看了以后，在大受感动的同时，油然生出几分敬意。这可是整个办公室的一道最美的风景。

那么，老师的办公桌上应摆什么呢？我认为，应该有以下东西。

一是直接与自己教学工作相关的东西，如课程表、教学进度表、学校的各种通知以及老师的联系电话等。

二是可以提升自己水平的东西，如各种教育教学方面的书籍，各学科方面的知识书籍等。还可以有一两篇自己喜欢的文章，我的办公桌上有两篇文章，一是《温故 2006 之阅读箴言》，二是《好孩子是“暗示”出来的》，时刻提醒自己多读书，时刻记着“好孩子是夸出来的，坏孩子是骂出来的”。教师只有不断优化自己的教育理念，才能不落伍；教师只有有了“活水”，才能给学生“喝一杯好水”。

三是能激发自己斗志的东西。教师职业倦怠是一种很自然的现象，要预防职业倦怠就需要老师经常激发自己的斗志，把一些教育格言当作自己的座右铭。我的办公桌上的日历表上写着两句话："一丝而累，以至于寸，累寸不已，遂成丈匹。""仁者不忧，知者不惑，勇者不惧。"

四是能调节身心的东西。境由心生，教师有好的心情才能更好地开展教学工作。教师整天与孩子打交道，生气是家常便饭，因而更要及时调整心态。我的桌子上有一首《教师莫生气歌》，是我自己写的，其中有这么几句："为了小事发脾气，回头想想又何必。小孩犯错非故意，上帝都会原谅的。学习成绩不如意，只要学生尽了力。十个指头都不齐，人人第一不现实。确有学生惹生气，处理方式应注意，耐心教育为第一。想想一声'老师好'，烦恼怨恨皆化了。"有时我自己生气，读上两遍，怨气顿消。

五是关于个人兴趣爱好的东西，如自己创作的一幅书法作品、一幅美术作品，或搜集到的一片红叶等。

有的老师可能说这是形式上的东西，但我想说的是，时间一长，人的心理无论如何都会受到影响，甚至把其中的思想变成骨子里的东西。随手翻翻，开卷有益，随眼看看，心里总会有一丝波澜，这就够了。循序渐进，品德就会变得高尚起来，不论是师德方面还是业务能力方面都会提高。

评价时，要“一个都不能少”

前几天，听某位老师说，他们学校在年终算班级平均分时，总会舍去最后一名学生的成绩，甚至有的班里还有“不作数”的学生。

我们都看过电影《一个都不能少》，且不说其艺术性如何，单是其折射出的“一个都不能少”的教育理想就足以让我们感动不已。电影里，代课老师魏敏芝为了不让一名学生辍学而付出了艰辛的努力。在一个班中，谁的成绩最差，老师心里都有数，在学校计算班级平均分时，老师不把他算上，那在平时的教学中又怎么会关注他？虽说很多老师并不是为了分数而教学生，但想必也有不少老师会有这种想法：反正他又“不作数”，何必在他身上大下功夫呢！其实，正是这样的学生才需要老师下大功夫，他们成绩差有着各种各样的原因，因而需要老师精心寻找问题的症结，细心发现他们的闪光点，耐心实施教育。他们本来就对学习没有兴趣，老师若再不理不睬，他们只能“破罐子破摔”，永无出头之日。

从另一个角度想，一个学生对于教师来说可能只是几十分之一的分量，对一个校长来说可能是几百分之一或几千分之一的重量，但对于他的父母来说，他就是全部。学校放弃一点点，却意味着放弃了整个家庭的希望。

可能有的老师说，他们确实不可救药。然而，尽力而为地施教和放弃施教是两个不同层面上的问题，可以说，爱学习成绩好的学生很容易，而爱学习成绩差的学生才能反映出教师的崇高。

又到学期末，又到要对学生和教师进行评价的时候了，但愿每个学校都能做到“一个都不能少”。

教师，请“自己的事情自己干”

“王小明，你去把办公室打扫一下！李力，你去把办公室的地拖一遍！周志，你去办公室把暖壶里灌上热水。”早晨一进教室，王老师就给班里的三个学生布置了任务，因为今天轮到王老师做办公室的值日了。

下课了，李老师让张婷婷到办公室说：“你把我写的随笔和学习笔记交到教导处，然后给我捎一张请假条过来，再到文印室把我们班印的试卷抱过来。”一会儿，张婷婷喘着粗气、抱着试卷、拿着请假条过来了。谭老师对她说：“你去五班把张力琦和吕和昆叫来。”这两个学生过来了，谭老师对张力琦说：“你把这些家庭作业批改一下。”又对吕和昆说：“你把这些课堂作业批改一下。”

放学了，赵老师把自行车钥匙交给张政说：“你把我的自行车推到校门口，我送学生。”

我们总教育学生“自己的事情自己干”，可到了自己身上，就不是这么回事了，这样怎能以身作则、为人师表？

让警卫室挡住家长的礼品

近日，我去某学校时，看到其警卫室门口贴着一张纸条，上面写着“谢绝存放礼品”。到室内一看，果然没有任何礼品。我不禁为该校这一举措叫好。

可以说，每每临近春节，总有一些家长用送礼品的形式表示对老师的谢意，而他们这样做无非是想让老师多关照一下自己的孩子。但是，往老师办公室里送又不好意思，或者怕老师面子上过不去，总之，由于诸多原因，学校警卫室便成了最理想的存放礼品之所。在礼品上写张纸条，或是打电话告知当事老师，寒暄两句，一切 OK。据我观察，每到岁尾，总有一些学校的警卫室礼品成堆。警卫室，成为礼品集散地。

尊师重教值得大力提倡，逢年过节对老师的辛勤劳动表示感谢也无可厚非，但用语言或书信表达就行了，不必非得送礼品。教师接受礼品也弊处多多：一是亵渎了教师以德育人的形象，使原本纯洁的师生关系庸俗化；二是淡化了育人效果，让学生感到老师“口是心非”；三是教师与家长在学生面前迎来送往，让不良社会风气污染了校园；四是教师为自己的教学带来了困难，拿了人家的东西就得为人家办事，从而使教育公平成为空谈；五是导致攀比之风盛行，使教师不重教学质量而重蓄意诱导，也使得家长不重教导孩子而重人情世故。

对于教师来说，教书育人是天经地义之事，教师应率先倡导营造纯洁良好的社会风气，给学生做出表率；对于家长，一句问候谢师恩，一条短信表寸心，一纸贺年笺足矣；对于学生，发奋学习、成人、成功、成才，就是对老师最好的报答；学校和教育主管部门，则应采取措施引导教师谢绝礼品。当然，有的老师也想拒绝接受礼品，但家长已把礼品放在了警卫室而无从拒绝，因此，学校就应该创造条件让老师得以谢绝礼品。

师者，以德育人，为人师表。谢绝的是节日礼品，树立的是自己的良好形象。春节来临，我向所有同行发出倡议：树立良好师德形象，谢绝收受春节礼品，还学校一片净土。也愿所有学校警卫室门口都有这样一张纸条——“谢绝存放礼品”。规范办学行为就从谢绝家长的礼品做起，从倡导文明健康的谢师行为做起吧。

用行享受生活快乐 五

老师，因为整天琐事缠身，因为是有知识、有精神的人，所以更应该学会享受生活。闲看庭前花开花谢，坐观天外云卷云舒；和孩子泡泡书店，给花草松土捉虫；瞧瞧南飞鸿雁，望望朗月稀星；感受春风拂面，细听小鸟啁啾；挖点野菜，亲近自然；种种菜，钓钓鱼……在行动中，无尽惬意涌上心头，烦恼劳累随风而去。

老师，因为忙，往往忽视身体的锻炼，所以有空都应锻炼一下身体。或晨练，或暮练，或放放风筝，或吹吹口琴，抽时间在办公室里、走廊中“空手”跳跳绳、“划划水”，和学生一起做做操，都能起到强身健体的功效。身体是革命的本钱，有了强健的体魄，才能更好地教书育人。

心动不如行动，用行享受生活，一起前行吧！

踏青挖野菜，咀嚼春的味道

几场春雨后，又到春暖花开、草长莺飞的时节。暖暖的春风吹过脸颊，呢喃的燕子仿佛在提醒我们该行动了。干什么？当然是踏青挖野菜啦！我和妻子在恋爱时就约定，每年春天都要踏青挖野菜，每年我们都忠实地履行着这个约定。因为踏青挖野菜让我们享受到了无穷的乐趣，其魅力足以让我这个在平日里妻子眼中的“懒虫”也变得勤快许多。

周末一早，我们整装出发，儿子一路欢呼雀跃、叽叽喳喳，在春风中撒着欢儿。整日被包围在钢筋水泥中的我们，仿佛出笼的小鸟一般，向刚刚苏醒的大自然奔去。一出市区就看见路两边的柳树、杨树抽出的新芽，有的青翠，有的鹅黄，让人爱怜不已，看着这些，眼睛也舒服了许多。又走出约三公里，我们便来到了绿油油的麦田，我们停下车，迫不及待地投入大自然的怀抱。地上，鲜嫩的野菜都冒出了头，从泥土里伸出诱人的手脚来，犹如刚睡醒的样子，惹得人心里痒痒的，这是大自然送给我们的第一份春的礼物。我们拿出塑料袋和小锄、铲刀，寻觅起来，荠菜、苦菜、白蒿和马齿苋都是我们的最爱。每看到一棵绿绿的、硕大的野菜，我就会一阵欣喜，儿子更是欣喜若狂，不停地喊：“大的！大的！”他一会儿跑过来大喊：“这里多！”一会儿又跑过去大叫：“这里更多！”我和妻子则边挖边聊各自单位的事及家中琐事。

和风徐徐，小鸟唧唧。我们挖累了，或看看云彩，或吹吹柳笛，可极目四望乡野美景，可吸纳清新气息，还可笑谈流年岁月里的儿时野趣，其乐融融，平日的劳累和烦恼也随风而去。田边有一条小河，岸边碧草连连，水中小鱼嬉戏，白云、柳枝倒映水中。打一个水漂，捕一条小鱼，野菜挖多少不必计较，挖菜的过程就足以让人陶醉不已，这正是挖野菜的魅力之一。

回家后，用荠菜包水饺，别有一种清新的味道；用荠菜或苦菜做“菜末小豆腐”，更是美味。有时干脆把苦菜、荠菜洗净了，直接蘸酱吃，清新的野菜、甜甜的面酱，吃起来清甜可口，是下酒的好菜。苦菜清热解毒，白蒿、婆婆丁对肝脏有益。野菜不仅好吃，还能治病，真是好东西。把野菜挖回家，我总是呼朋唤友，做野菜大餐，或凉拌或热炒，或生吃或煮炖，每每都被大家风卷残云般地吃光。剩下的野菜就让大伙带走或分给七邻八舍，让他们分享我们的劳动果实，这是春天去踏青挖野菜的魅力之二。

爱屋及乌。喜欢挖野菜、吃野菜，也就喜欢读那些写野菜的文章。周作人的《故乡的野菜》，文中写道：“荠菜是浙东人春天常吃的野菜，乡间不必说，就是城里只要有后园的人家都可以随时采食，妇女小儿各拿一把剪刀一只‘苗蓝’，蹲在地上搜寻，是一种有趣味的游戏的工作。”文中所描写的场景，是那样的亲切、那样的熟悉、那样的有趣。我喜欢读汪增祺的《葵·薤》，它使我知道了“薤”就是我们家乡的“小白蒜”，让我想起了小时候跟着大姐刨“小白蒜”的情景……野菜丰富了我的人生，引领我进入了两个世界——书的世界和自然的世界，让我的人生变得更加充实、更加有意义。这应该算春天去踏青挖野菜的魅力之三吧。

踏青挖野菜，让我们有机会与大自然零距离接触，能看见小树、小草怎样从松软的泥土里拱出嫩芽，能感受到春风在融融春日里如何送来一缕微凉。虽看不到蝴蝶翩翩起舞的倩影，但看见了毛毛虫努力蠕动的身躯；虽闻不到浓郁的花香，却闻到了野菜与泥土的芬芳。

春天了，去踏青挖野菜吧！带上爱人，领着孩子，邀上好友，去看看你忽略的另一种春天，去咀嚼一下春天的另一种味道。这实在是一个令人心动的选择。

让风筝唤醒疲倦的身体

“草长莺飞二月天，拂堤杨柳醉春烟。儿童散学归来早，忙趁东风放纸鸢。”又到春暖花开、草长莺飞的时节，风筝满天飞。在满天的风筝中，我和儿子放的那只“雄鹰”格外引人注目，它一会儿疾驰而上，冲上云霄；一会儿急速俯冲，掠过柳梢；一会儿去“吓唬”身边的“小燕子”；一会儿又去“调戏”那艳丽的“小蝴蝶”，好不自在，真是调皮又风光。手扯细线的我更是胸有成竹，逍遥自在，似闲庭信步，一看就是个放风筝的老手。儿子作为总指挥也相当称职。“拉紧，稳住!”“快松，升吧!”“快去追那只蜜蜂!”“小心，别缠线!”一系列命令显得老练地道。十余年来，这样的“父子携手放鸢图”总会准时出现在春天的郊区草场上。

说到放风筝，就不能不说起自己的颈椎病和肩周炎。当老师的，整天备课、批作业、读书、写笔记、打键盘、板书，我平时又喜欢读书写作，常常会在电脑前久坐。结果，工作没几年，颈椎病和肩周炎就“找”上门来，我总觉得头昏脑涨、浑身无力，想睡的时候睡不着，不想睡的时候又打不起精神。严重时，手脚发麻，脖子僵硬，肩周酸痛，甚至板书时都不敢抬胳膊。一次，我在小区散步时，刚巧有人在放风筝，我盯着高空中的风筝看了一会儿后，竟觉得心旷神怡，脖子也没那么僵硬了。当时就想：放风筝是不是可以治疗颈椎病呢？我咨询了医生，医生说放风筝需要挺胸抬头、翘首举目、左顾右盼，所以，经常放风筝能增加颈椎周围肌纤维的体积，保持韧带的弹性和椎关节的灵活性，改善局部血液循环，增强颈椎、脊椎的代偿能力，既不损伤椎体，又可预防椎骨和韧带的退化，从而促进颈椎病的康复。从那以后，我一有空就去放风筝。过了一段时间，我的颈椎病明显好转，不仅如此，眼睛、四肢都觉得舒服了很多，肩周炎也自然消失了，觉也睡得更香了。没想到，一只小风筝，竟治好了我的职业病。

其实，古人早就知道放风筝有益于身体健康，曾说放风筝为“拉线凝神，通天顺气，随风送病，有病皆去”。宋代的《续情物志》中就写道：“放风筝时张口而视，可以泄内热。”清代的《燕京岁时记》中说：“放风筝最能明目。”的确如此，在草长莺飞的春天，沐浴着明媚的春光，踏青放风筝，呼吸缓急有节，心率快慢有度，心、肺功能俱增；跑跑停停，有进有退，或坐或立，舒展筋骨，身体随放飞的风筝不停地移动，四肢百骸皆得到活动；双目远眺，全神贯注于飞鸢飘浮于蓝天时，意念集中，与气功有异曲同工之妙。冬天久居室内，气血积郁、内热较大，此时可尽情地呼吸新鲜空气，吐故纳新，新陈代谢得到促进，血液循环得到改善，清心肝之火，散内结郁热，心情自然舒畅，精神自然愉快，处于紧张状态的大脑皮层和脑血管得到放松，神经衰弱及失眠亦俱除矣。放风筝时，极目远眺风筝的千姿百态，能调节眼部肌肉和神经，消除眼睛疲劳，达到保护和增强视力的目的，对防治近视眼、老花眼及视神经萎缩极为有利。还有，每个风筝都是一件艺术品，参与者始于健身娱乐，行于沉稳洒脱，止于中和守静，对身心健康大有裨益，故“鸢者长寿”绝不是空话。

现在，我不仅放普通的单线风筝，还学着放多线风筝，放多线风筝比放单线风筝运动量大，能让全身得到运动。关键是多线风筝起飞时那种让人心跳的感觉每每把自己打动，看着急速起飞的风筝冲向天空，听着风筝起飞带来的“呜呜”声，再看到风筝在自己的控制下做出不同的动作，“画”出不同的几何图形，心里更有说不出的高兴。风筝在空中翻飞，人随风筝在地上奔跑，一切烦恼都抛到了九霄云外，仿佛又回到了无忧无虑的童年。累了，就坐下来看风筝，看各色风筝在蓝天白云下迎风飞翔，儿子在旁边撒欢，妻子在帮着收线，微风习习，花香袭人，到处是大人小孩的欢声笑语，真是让人感觉“爽歪歪”。

春天，虽是万物苏醒的季节，但也容易使人“春困”，那就让我们去放风筝吧。放风筝就是跟春风握手，让自己的心情与春意连线，然后带回一身的春风得意。风筝在天上飞，我们在地上美，放飞风筝，就是“放飞”健康，放飞的不止是风筝，更是一种恬淡、随意、知足常乐的好心情。现在，就让风筝唤醒我们疲倦的身体吧！

捉蝎之乐

天气渐暖，万物复苏，是走亲戚的好日子。周末，我们一家人来到了大山深处的姑姑家。喝了一会儿茶，上初中的表弟说："现在正是捉蝎子的好时候，我们这里的蝎子可多了，我领你们去捉蝎子吧。"他的话让儿子兴奋不已、跃跃欲试，也勾起了我童年的美好记忆。我小时候可没少捉蝎子，一天的收获能换几支铅笔或十几块高粱饴糖果。对"蝎子"这个词的感受，我没有半点恐惧和恶心，而是无比亲切。

我们每人拿着一根火钩和一把用筷子自制的小镊子，还有一个矿泉水瓶子，就出发了。这个时节，蛰伏了一冬天的昆虫纷纷出动，正是抓蝎子的良机，很多大人和孩子都拿罐提袋漫山遍野地搬石翻地。我熟练地掀起一块块石头，很快就掀了一只"老母"，妻子和儿子忙过来看，它想逃，儿子着急地喊起来："快抓，快抓！要跑了！"竟伸手要抓，我马上抓住了他的手，说："不用慌，看我的。"我对着蝎子猛吹几口气，它就乖乖地呆住不动了。我对儿子说："你看它尾巴的最后面是什么？"儿子说："是毒针。"我又问："你知道它是干什么用的吗？"儿子说："好像是保护自己的，我在电视上看过。""对了，你刚才要是用手抓的话，它正好可以刺中你，然后把毒素射进你的肉里，毒素再通过血液传遍你全身，那就麻烦了。有时蝎子能蜇死人呢！""啊，这么厉害呀！""蝎子的毒素能治很多病，人们把它的毒素收集起来做成药，很有价值呢。"不知不觉，儿子就学到了不少知识，还听得津津有味，因印象深刻记得也一定牢。看来，作为一名语文教师，多组织学生在社会实践活动中学习，多创设情境引导学生学习，比单纯在课堂上进行书本知识的传授，效果要好得多。

说话的间隙，我把蝎子夹进了瓶子之中。儿子很受感染，想亲自找到一只蝎子的欲望非常强烈，他不停地翻着小石块，与平时在家里"翻了油瓶子都不扶"的表现判若两人，看来"乐之者不如好之者""兴趣是最好的老师”说得一点儿不错。这对我的教学倒也有些启迪，那就是调动起学生的学习兴趣就是自己教学上最大的成功了。我们各自不停地翻着石块，又聊了起来。“你知道一旦被蝎子蜇了或被毒蛇咬了怎么办吗?”“用嘴吸伤口的血!”“嗯，应先把伤口与身体的连接部位包扎起来，让毒素慢一些流到其他地方去。被蝎子蜇了，可用醋、酱油或者盐轻轻涂抹，这样会减轻一点痛苦；也可以弄死一只活蝎子，将它身体内的液体涂抹在伤口上；还可以吃止疼片，尽量不去想它。如果被毒蛇咬了，可用嘴尽快吸出有毒的血液，最好马上去医院。”“噢，这么厉害!”“哎，你知道什么样的石头下容易有蝎子吗?”“不知道。”“你想想看。”“我觉得比较湿的石板下容易有蝎子。”“山坡的阴面蝎子多，而阳面蝎子少；有空缝的石板下也容易有蝎子，还有的缝隙都被它爬得光溜溜的了，里面肯定有蝎子；非常薄的又有些潮湿的碎石堆里蝎子多，干燥的大石堆里蝎子少。”正聊着，儿子忽然喊了一声：“有一只，快来看!”我忙跑过去，还真有一只，是一只半大的，它刚要逃，儿子也学着我的样子猛吹几口气，它果然停住了。“爸爸，为什么吹一吹它就不跑了?”“它身上有很多绒毛，对空气流通很敏感，你一吹，它以为刮大风，或有别的危险，就停下来了。”儿子用镊子夹起蝎子，任它怎么挣扎也不放手，观察了好一阵才恋恋不舍地把它放进了瓶子里。捉了一只蝎子后，儿子掀石头的劲头更足了。忽然，妻子也叫起来：“我也找到了一只!”我和儿子跑过去一看，都乐了：这哪叫蝎子，简直就是个小不点儿，比蚂蚁大不了多少，妻子眼睛可够尖的，这么小的都看得见！我刚要往瓶子里放，儿子说：“慢，我觉得应该把它放了，它这么小，很可怜，它回不去，它的爸爸妈妈一定很着急。我看不如等到它长大了再捉吧。”“好，还是儿子想得周到。”你看，儿子还给我上了一课，确实，我们不能把它们一网打尽，也要保持可持续发展才行。

这时，表弟过来了，我们一看，不得了，他已经捉了十几只了。儿子对他更是钦佩不已，缠着让他说说捉蝎子的秘诀，表弟不好意思地说：“哪有什么秘诀？多掀石头就行了。”他一时来了兴致，非要表演一下空手抓蝎子不可。他从瓶子里倒出一只大蝎子，蝎子在地上飞快地跑，只见他迅速伸出右手，大拇指和食指正好捏住蝎子尾巴的最后一截，任蝎子在手里左右扭动也无可奈何。儿子眼睛瞪得圆圆的，嘴巴张得老大。我趁机对儿子说：“你知道什么叫‘熟能生巧’了吧？只要做多了，就能找到窍门，干什么事都是这样。”儿子似懂非懂地点了点头。我又说：“你掀蝎子不如小叔叔吧。平时你总说他学习不如你，好像他什么事都不如你似的。你学习比他好，但掀蝎子就不行，我看你爬山也不行。其实，没有人是十全十美的，你这个方面好，其他方面可能不行，他这方面不好，其他方面可能行，‘三百六十行，行行出状元’说的就是这个道理。千万不要只看到自己的优点，看不到自己不如别人的地方。”我觉得，今天我们不仅捉了蝎子，更重要的是，我和儿子都得到了不少的人生启迪，对自己的工作和学习都有不少帮助。

到吃午饭的时候了，我们满载而归。我用蝎子做了一道菜——“雪山飞狐（虎）”。原料：蝎子、粉丝。制作过程：将蝎子用水清洗3遍左右，将其毒针剪掉；锅中放入适量盐水，将蝎子放入锅中文火煮至盐水蒸发干净，蝎子僵直；取适量花生油放入锅内，烧至油熟；将煮过的蝎子倒入锅中，炸至焦黄；把粉丝用油炸好，置于盘中，上面放二三十只炸好的蝎子即可。盘子端上桌，顿时气氛热烈，在油炸粉丝组成的“雪山”上，一个个黄而透着褐黑色的蝎子，张着钳螯，翘着尾钩，栩栩如生，似欲下山拼搏的猛虎，不禁令人产生怵惕之感。而它散发出的浓浓香味，却透鼻开窍，阵阵袭来，不由得令人馋涎欲滴。我率先夹起一只“大老母”，放进口中大嚼起来，浓香满口。其他人也争相品尝，妻子和儿子也禁不住诱惑，在一番跃跃欲试之后，终于举箸夹食，赞叹不已。我相机介绍：“此菜乃‘雪山飞狐（虎）’，这一美食有四条优点：香、酥、脆，谓其味道之美；降低血压，祛风祛湿，活血祛淤，谓其医疗之效；含有丰富的蛋白质，多种氨基酸，谓其营养价值之高；最后一条，则是远超出食物本身的价值，却又是由食物引起的饶有风趣的精神作用，这就是食蝎能使人增勇气、长胆识、强意志。”所谓“抖抖胆子吃蝎子”，正如刚才妻儿也。但有一条，好东西不可多用，“是药三分毒”，每人最多吃三只，吃多了因火气太大而流鼻血可不能抱怨我这个大厨做得好吃。大家哈哈大笑，吃得更欢了。姑父也用蝎子做了一道菜——萝卜瘦肉炖蝎子，先把蝎子用清水洗净，再将萝卜片、瘦猪肉、蝎子放入砂锅，加进清水，配以枸杞、茯苓等性温、味甘之物，加盖用慢火炖一小时左右即可。姑父说此菜可消食除胀，顺气化痰，渗湿健脾，滋补肝肾，通络止痛，乃大补之物，众人“趋之若鹜”，一饱口福。我们喝的是姑父用蝎子泡的酒，据说里面含有人体所需的22种氨基酸和多种微量元素及维生素、牛黄酸等，一喝，果然口味甘爽，馨香、味醇、色佳，香而不艳，入口甘冽，回味绵长，果真是不仅具有保健酒的功效，还不失佐餐酒的口味。

临走时，姑父送了我一瓶蝎子酒，嘱咐我每晚睡前饮用一次，一小盅足矣，不可贪杯，还送我半斤腌制的全蝎，告诉我可治疗三叉神经痛风湿、类风湿性关节炎、腰腿疼痛、无名肿痛等。我欣然而受。儿子非要带几只活蝎回家以作观察、纪念之用，姑父也满足了他的要求。

走了一趟亲戚，尽得捉蝎之乐，其乐在捉、在聊、在吃，更乐在收获了不少人生的启迪。

亲近苦菜，约会春天

春光明媚的三月，风和日丽的周日，吃过早饭，我们一家三口相约骑摩托车去郊外约会春天。今天，我们要走进春天，融入大自然，而最主要的目的是挖苦菜，咀嚼春天的味道。

一路上，和风习习，小鸟在枝头自由自在地唧唧啾啾，儿子亦如出笼的小鸟，一会儿独自哼着小曲，一会儿睁大眼睛静静地观赏着周围的一切，我和妻子则闲聊着单位的琐事，不知不觉已到了离县城十余里的西山。

我们拿出工具，马上“投入战斗”。其实不用细找，旮旮旯旯里满是苦菜，一棵棵，一簇簇，一片片。这种野菜可真有意思，别的植物还都在沉睡，它却不甘寂寞了，纷纷争先恐后地从地里探出头来，顶破重压在身上的石块、土块，倔强地舒展自己的青翠。风一吹，苦菜摆动着肥厚的叶片向我们打招呼，仿佛已等待多时，就等我们来挖它们似的。我们也毫不客气，蹲下身子争相挖起来。儿子兴奋异常，不时地叫着：“妈妈，这里有棵大的!”“爸爸，这里的苦菜多!”不一会儿，我们就挖了小半塑料袋。儿子的兴奋劲儿开始下降，挖苦菜的速度明显慢了下来。我掏出相机，对儿子说，你去收集春天吧。他一蹦三尺高，带着相机就往山腰的一片桃树林跑去，那里正盛开着粉红的桃花，如朝霞挂在山腰上。还有一种不知名的花，大片大片的，雪白雪白的，一阵风吹过，如大海的浪花在翻滚。

我和妻子继续挖苦菜，边挖边闲聊。我说儿时这季节的周末干的最多的活儿就是挖苦菜了，可那是为了喂兔子，这种东西兔子最爱吃，吃了最能长膘。最神奇的是，它能治兔子的嘴疮病，兔子长了嘴疮，别的时候需要抹白矾，这个时候只要让它们多吃点苦菜即可，可见苦菜是个好东西。既然能治兔子的病，也一定能治人的病，那一定是一种中草药。当医生的妻子则引经据典、有模有样地说，苦菜亦名甜苣菜，或称败酱草。初春时生苗，茎中空，折断时会流出白汁，开黄花和野菊相似，其种子附生白毛，能随风飘扬。苦菜是茶的本义，其味苦，经霜后味转甜，故有“其甘如荠”“堇荼如饴”之说。据有关专家化验，它含有丰富的蛋白质、维生素C、核黄素、脂肪、磷钙、甘露醇、生物碱等十几种营养物质，不但具有很高的营养价值，而且还可以清热解毒、利胆、降压、通脉补气；性微寒，能缓解多种毒素，治疗肠炎、阑尾炎、乳腺炎、胆囊炎、急性咽炎、扁桃体炎等多种疾病，具有很高的医疗保健价值。苦菜因野生无毒，不受化肥和农药污染，是真正的“绿色食物”和“无公害蔬菜”，故而很多外宾称之为“绿健能”。妻子的话让我听得一愣一愣的，谁让人家是专业人士呢。既然苦菜如此好，我还是别费口舌了，多挖一些才是硬道理。暖暖的阳光照在身上，挖着野菜，我情不自禁地哼起了小曲：“哎，谁不说俺家乡好，得儿哟咿儿哟……”当乳白的根汁把手指染黑的时候，袋子里的苦菜已能够吃好几天了。

回到家，我和妻子便忙活开了，仔仔细细地择起苦菜来，把长长的根掐去，把不鲜嫩的叶子摘下，只留下青翠发亮的叶子。择了两个多小时，足有五六斤，然后用水洗净，分成一份一份的，分给要好的邻居，让他们也咀嚼一下春天的味道。看着他们欣喜的样子，劳动的成就感溢满心田。

晚上，我们来了个“苦菜开会”。一个菜是油炸苦菜。鲜嫩的苦菜挂上一层薄薄的鸡蛋汁，在翻滚的花生油中一炸，黄中透绿，闪着油花，外焦里嫩，香酥可口。又一个菜是苦菜叶蘸甜酱。夹一棵苦菜，轻轻一蘸甜面酱，入口后苦甜掺杂，微微苦涩却是那样爽口，别有一番滋味，咽下后满嘴清香，咽喉处甜津津的，有先苦后甜之意味，此菜我美其名曰“苦尽甘来”。还有一个菜是苦菜小豆沫。将苦菜洗净，用热水一焯，除去部分苦味，重新加入清水，然后放入大豆面、花生面，放入适量食盐，煮熟即可，清香无比。最后，把剩下的苦菜放在阳台上晒干，做成苦菜茶，秋冬季节，每天泡上一杯，乃祛毒败火之良药也。

鸟语花香的春天，万物复苏，荠菜、苦菜、榆钱都等着我们去采摘。你还犹豫什么？走进春天，放飞的是心灵，抛下的是烦躁，收获的是愉悦，采摘到的是沉甸甸的春天的味道。

窑场避蚊记

1990 年 7 月，我初中毕业了，父亲问我还想不想复读，本来就不爱学习的我摇了摇头。父亲二话没说就同意了，只说了一句："那你就跟你二叔到窑场干活去吧。"我痛快地答应了。在我心目中，外出打工是一件新鲜而刺激的事情，我儿时的几个同伴早都外出挣钱了，过年时看到他们用自己挣的钱买的各种好吃的，我羡慕不已。

20 天的窑场打工经历，且不说因码砖使手脱了两层皮而变得"细皮嫩肉"，且不说平时每顿饭只吃两个小馒头的我每顿竟吃到了半斤干面的馒头，且不说因自己运土时动作太慢让机器没土可"吃"而让工头臭骂，且又不说因丢了 5 元的生活费而只能去偷窑厂老板咸菜缸里的咸菜疙瘩，单就晚上的避蚊生活就足以令我终生难忘了。

临走时，母亲也想给我带蚊帐的，可父亲让我问问别人都带了没有，结果我一问，人家就来了一句："就你的肉香?"于是，我也没带蚊帐。到窑场的第一晚，其他人都鼾声如雷，而我却眼睛睁得大大的，不仅因为我是第一次出远门，不仅因为他们的鼾声，主要在于蚊子的轮番"轰炸"。我很纳闷，难道真的"就我的肉香"? 人家四仰八叉地躺着睡觉都没事，我就听见蚊子不停地在我的上方盘旋，发出刺耳凌厉的声音，如小战斗机一般。这时的酷热只能算第二大杀手了，我把自己埋在床单底下，只露出两个鼻孔出气，还是不行，额头和鼻子还是不断地被蚊子攻击，只能连鼻孔也藏进床单里，又感觉蚊子好像连床单都能穿透，又把毯子也盖上，这才平安了。但酷热又使我浑身难受，只能每隔几分钟就手脚并用，把床单和毯子撑起来呼扇几下，既驱蚊子又驱热。难耐的第一个晚上就在这样不断的呼扇中过去了。

这样连续几晚过后，我实在受不了了，就告诉了二叔。二叔说："我有办法。"那天晚上临睡前，二叔在宿舍里点燃了几个盖砖垛倒下来的半湿的烂稻草滚子，等稻草滚子刚燃了三分之一，他就用脚踹灭了火。我不解："怎么不让它烧完了？"他说："用的是烟而不是火。"果然，半灭不灭的稻草滚子发出滚滚浓烟。二叔说："这样就把蚊子熏跑了，保你睡个安稳觉。"那个晚上蚊子倒真的没了，可浓烟让我泪流满面。我不住地咳嗽，不住地流泪，而且我从课本上知道，这烟实际上是一氧化碳，搞不好会出事的。在咳嗽中，在流泪中，在忐忑不安中，我又度过了一个不眠之夜。

第二天，二叔问我："我的招管用吧？"我说："不管用，差点没呛死我。"二叔想了想说："那只有一招了。晚上我领你到一个绝对没蚊子的地方睡。"我说："那敢情好。"吃过晚饭，二叔对我说："走，睡觉去。"我很纳闷："不用拿铺盖吗？"二叔说："不用。"我就跟着他走，来到窑洞子里。这里是下午刚刚出过砖的，洞壁还向外散发着逼人的热气，走到这里，就好像进了蒸笼一般，二叔说："这可是个睡觉的好地方，一个蚊子也没有。到外面拉两个稻草滚子一铺，睡在上面可舒服了。"我一下子愣了："你说的就是这个鬼地方？这么热，怎么睡？"二叔火了："这不行，那不行，你以为出来当老爷来了？家里好，可待在家里谁给你钱？学校好，可待在那儿你怎么不好好上学？你以为钱就那么容易挣？你爱睡不睡，你以为你是谁？"他撂下这句话就走了。我足足待了十几分钟才回过神来，二叔的一番话像一根针刺痛了我，也刺醒了我。我到外面拉了两个稻草滚子铺在地上，往上一躺，在直逼骨头的酷热中不由自主地胡思乱想起来，我想到了母亲，想到了父亲，想到了学校，想到了老师和同学，而想的最多的就是自己的将来。难道自己就这样下去吗？一句歌词跳进了我的脑海："外面的世界很精彩，外面的世界很无奈。"那一晚，果然没有一只蚊子来打扰我，但我还是一夜未眠，就在那一晚，我真正领略了什么是被蒸的滋味，也做出了人生的一个重大抉择：复读。

窑场的避蚊经历虽充满悲剧和苦难的色彩，可现在想来，我倒觉得是我今生一笔巨大的不可多得的财富，因为它让我更加珍惜今天的生活，让我尝到人生的酸甜苦辣，也让我理解了父亲的良苦用心。

放飞小鸟，放飞心灵

我有一个经商的同学，可以说，他挣钱是把好手，但对于他教育儿子的方法我却不敢恭维。在我看来，他是一个典型的“严父”形象，大搞“一言堂”，他在儿子面前说一不二。每次同学小聚，我总劝他要既当严父又当慈父，不要扼杀孩子的创造性，等等。但有一件事却让我对他刮目相看了。

有一次，我和儿子到他家玩，看到他家的院子里有一个空着的鸟笼子。我问他的儿子萧萧：“你们家的鸟呢?”萧萧回答：“放了。”“放了?”我有点不相信自己的耳朵。“在哪里放的?”他回答：“去沂山（我们家乡的一座山）放的。”“为什么放啊?”我又问。“我们让它去找爸爸妈妈啦。”“谁让你们放的?”“当然是我们全家都想放啊!”他见我对这个感兴趣，说：“我们还把原来喂养的一对乌龟和好多金鱼带到老龙湾（我们家乡的一个湖泊）放了。爸爸说，动物也应该有自由，人不能太自私。”我瞠目结舌，他的这句话仿佛一根针不偏不斜地扎到了我内心的一个痛点。

说实在话，我自认为对儿子的教育还是很符合现代教育理念的，但有一方面的教育我是失败的，那就是尊重和爱护动物生命的教育。这缘于我被一种欲望紧紧抓住，总也战胜不了自己。这种欲望，说好听的，是喜欢动物，而实际上就是内心深处对动物的占有欲。

我从小就喜欢养小动物，到河里捞一条小鱼，养在空罐头瓶子里；在树上抓一只小鸟，养在空暖水瓶壳里。用心而又小心翼翼地养几个月甚至一年的时间，但它们总免不了一死。而随着自己年龄的增长，养动物的情结却愈来愈浓。一次到亲戚家，发现他们家的鸡圈中困住了一只红头小鸟，便顾不上绅士与否，以木为梯，费了九牛二虎之力把它捉住，二百多元的裤子划了一条大口子我也没觉得心疼。结果，此小鸟生性固执，在笼中不吃不喝，三天后便一命呜呼了。就是这样，我对鸟依然痴心不改，几次在梦中捕到小鸟，有时都梦到捕了一窝，可见自己对鸟的“爱”有多深。

其实，自己也深知“罪孽深重”，有时看到小鸟在笼中扑棱扑棱地飞，甚至把嘴都碰得鲜血淋淋，我虽朦朦胧胧中动了一点恻隐之心，有时会快速离开而不敢看小鸟的眼睛，但强烈的占有欲还是覆盖住了那一点点人性之恻隐，所谓的“贼心不死”大抵如此吧。有一次，在老家，我无意中在墙壁洞里发现有一窝小鸟，红红的皮肤上黏着洁白的绒毛，眼睛还没有睁开，吹一声口哨，小家伙们争先恐后地张开小嘴，黄黄的嘴唇左右摇晃，强烈的占有欲促使我趁着夜黑风高来到洞边，猛地把手中张开的塑料袋捂在了洞口，结果鸟妈妈连同小鸟皆成了我的俘虏。没想到的是，在笼中，鸟妈妈就是不肯喂小鸟，任虫子、蚂蚱爬出笼外，任自己的儿女饿得叽叽乱叫，它只是不停地用头顶撞着铁笼，撞得头破血流也不罢休。我只好用筷子夹着虫子喂小鸟。两天后，遍体鳞伤的鸟妈妈便永远地离开了她的儿女，真可谓“生命诚可贵，母爱价更高，若为自由故，二者皆可抛”。我以为自己可以承担起鸟妈妈的重担，还天真地想，现在鸟儿们还没有睁眼，如果自己一直喂着，它们睁眼后看到的第一个活的东西就是我，它们将认为我就是它们的妈妈，说不定它们就不会像以前喂养的鸟儿一样惧怕自己了，它们“认贼作父”、和我其乐融融的场面仿佛就出现在眼前。殊不知，周一开始上班，由于中午有事而没有回家，晚上回家一看，可怜的鸟儿们都已饥饿而死。它们死相很难看，有的头已伸出了鸟笼，身子被鸟笼夹住，有的用嘴撕扯着兄妹的翅膀尖，惨不忍睹。这更增加了自己的罪恶感。我没有让儿子看见，默默地把它们扔进了垃圾筒。此事令我难过了好几天，几条鲜活的生命因我而消失，我就是使其一家妻离子散、家破人亡的罪魁祸首啊。尤其让我感到震惊的是儿子的表现。一次，我和儿子在花园中玩，儿子用树枝捣毁了一个蚂蚁窝，还用脚乱踩四散逃跑的蚂蚁。我说：“儿子，蚂蚁也是有生命的，你不能这样。”他看了看我，说：“小鸟也是有生命的，我们家不是养了很多小鸟，最后不是都死了吗？你逮的那只不就是饿死了吗？”我无言以对。还有一次，也是在花园里，儿子又在用树枝戳一只小蚂蚁，最后小蚂蚁被戳死了。我说：“你把小蚂蚁戳死了，它的爸爸妈妈找不到它，会很伤心的。”他白了我一眼，说：“你把小鸟逮住关在笼子里，它爸爸妈妈就不伤心吗？”我又哑口无言。看来，我的罪恶已经传染给了儿子，如果我再不迷途知返，后患无穷矣。我当时就想和儿子约定一下，但最终还是把话咽了下去。

这次看到同学家放飞了小鸟，萧萧振聋发聩的话也如当头棒喝般让我猛然惊醒，真有“听君一席话，胜读十年书”的感觉。是时候了，是该悬崖勒马的时候了。生命教育、生态教育，多么重要的一课！这一课，我小时候没有上好，不能再让自己的儿子学不好了。我转头看看儿子，用商量的语气说：“儿子，咱们也把家里养的小鸟放飞吧。”他看了我好一会儿，有点不相信地说：“真的？那可是你的宝贝啊！”我使劲点点头：“真的！”儿子也使劲点点头：“好吧。”

星期天，我们一家人提着鸟笼来到城边的小山上，爱人提着笼把，我和儿子打开了笼门。小鸟看了看我们，便钻出笼子，一直朝着南边飞去。我们三人直到小鸟消失在天边才关好鸟笼。我长嘘了一口气，从内心来讲，三十多年来对鸟的痴情今朝一改还真是不易，可以说有点撕心裂肺的感觉，但庆幸的是，我终于迈出了这一步，就像吸毒的人终于扔掉了针管一样，内心虽有千万个不忍但也彻底放松了、解脱了。小鸟冲出鸟笼的那一瞬间，我的心变得清澈透明了许多，心中的痛点逐渐消失。看似放飞的是小鸟，其实真正放飞的是自己的心灵啊。我和儿子约定，以后我再也不抓小鸟了，儿子再也不虐待动物了，包括小小的蚂蚁，因为它们都有自己的生命，有自己的亲人，也需要自由。

“天空是云儿的家，大海是鱼儿的家，森林是鸟儿的家……”窗内传来儿子稚嫩的童声，而窗外的我在想，我们爱看小鸟的羽裳，更应该爱看它们在蓝天飞翔的优美身姿，我们爱听小鸟的歌声，更应该爱听它们在林中优雅婉转的呢喃。爱小鸟，就应该给它们自由，让它们在自己的天地中尽情翱翔。束缚、掠夺、占有，从来都不叫爱。对小鸟如此，对朋友，对爱人，对子女，又何尝不是如此呢？

照 蟹

我此生中第一次写的应用文算是留言条了，而那一张留言条换来的不仅是一顿终生难忘的暴揍，还有一顿此生再也难以寻觅的美味。现在每每想起，总是忍俊不禁。

那是我上小学三年级的一个星期天，我和邻居家的孩子狗剩一起到山上挖草药。往回走的路上，我们经过一条小溪，清澈的溪水令我们流连忘返，我俩就躺在一块光滑的大石头上，在习习的微风中看变幻无常的云彩。看够了云彩，我俩就掀水边的石头玩，无意中掀出了几个螃蟹。我忽然想起我爹曾说过，螃蟹都是晚上出来找食吃的，他小的时候，中秋节前后经常晚上出去照螃蟹，有时一晚上能照一铁桶。选出其中个儿大的，把它们饿上两三天；打上几个鸡蛋，放些盐，让它们痛喝一顿；最后把它们放进油锅里一炸，外酥里嫩，那个香就甭提了。想到爹的这些话，我冒出了一个主意，我决定晚上来照螃蟹。我和狗剩一说，他有点害怕，说这里离我们村最少也有五六里远，爹娘肯定不同意，再说这个时候爹娘都在地里干活，若到地里找他们，太费劲。我拍着胸脯说："保证没问题，我自有办法。"当然，我说的办法就是写留言条了。我还给他讲了我爹的话，特别强调了炸出来的螃蟹多么好吃，他就禁不住同意了。

这时太阳已经偏西了，我们急急地往回赶，真是三步并作两步走，一边走一边合计：用我家的蛇皮袋子，用他家的手电筒，因为他家的手电筒是装三个电池的，比我家的亮，还要找出冬天用的手套。戴上就不怕螃蟹夹手了。甚至，在路上我就把留言条的内容想好了。我们用了不足平时三分之一的时间就到了家。果然，两家的父母都不在家。我们约好各自准备好东西，在我家大门口集合。他说："我不会写留言条，怎么办?"我说："我写上让我爹告诉你爹不就行了？死脑筋！"我先把镢头和筐连同里面的草药都扔进了院里，再翻墙头跳进去，在西墙角鸡窝旁的破砖头底下摸出屋门钥匙，打开门就找袋子和手套，然后从书包里找出铅笔和本子，撕下一张纸，按老师讲的格式写了一张留言条：

爹：

我和狗剩去照螃蟹了，不用找我们。你也和狗剩他爹说声。

儿子侯忠彦

我把留言条压在饭桌上的茶缸子底下，最后还没忘了找个煎饼吃，在里面抹了些花生油，撒上些盐，便锁上屋门，把钥匙放回原处，又从墙头上跳出来。狗剩早已在等我了，他也卷着一个煎饼在吃，我俩真是心有灵犀啊。

一路上，我们箭步如飞，一溜小跑，比回家时快了不少，可一点也不觉得累，我似乎看到了有许多螃蟹在眼前爬。太阳刚落山的时候，我俩就来到了那条小溪边。我们先在一块石头上坐下来，然后商量开了：“要是抓得太多了，拿不动怎么办?”“抬着呗，死脑筋。”“要是螃蟹太多了，吃不了怎么办?”“我爹说了，螃蟹多了吃不了，可以把它们用盐腌起来，留着过年的时候吃，可香了。真是死脑筋。”

说着说着天就黑了。我俩就从石头上下来，在行动前进行了明确的分工：我大，负责抓；他小，负责拿袋子。我打开手电筒，还真有螃蟹从石头底下爬出来了，用手电一照，刚才还乱爬的螃蟹竟一动也不动了。我戴上手套，用手一抓，它就张开大螯来夹我，可我戴着手套，它夹得一点都不疼，它只得乖乖地被我抓进袋子里。令我们惊喜的是，随着时间的推移，螃蟹竟越来越多，我就不停地抓，不停地往袋子里放。就这样，我俩沿着小溪不停地往大山钻去，虽有几次狗剩被石头绊倒，跑了几个螃蟹，我也不小心踏进了水坑里，裤子全湿了，但一点也没影响我俩照蟹的激情。“快来，快来!”“来了，来了!”“大的，大的!”“这儿一个，这儿一个!”我俩的声音在漆黑而空旷的大山里回荡。也就在那一晚上，我知道了螃蟹原来是吃烂树叶的，还吃牛粪，这可是我亲眼观察到的结果，按现在的说法，那是探究性学习的成果。

这样，我们边照边走，也不知走了多少路，也不知什么时候了，一直走到了小溪的尽头，我俩才从照蟹的热情中醒过来。“多不多?”“很多，很沉。”“我看看。”我一提袋子，还真不少，怎么也有七八斤，真不知狗剩哪来这么大的劲儿，平时他可是连一篮子猪草都提不动的。这时，忽然传来一声猫头鹰的叫声，我听了浑身起了一层鸡皮疙瘩，还打了一个冷战，觉得有点冷。抬头望望两边的大山，像张开的大口，黑乎乎的，我的心缩了起来，狗剩也发着颤音："我们往回走吧。"

"快走!"我背起袋子就走。"等等我呀!"狗剩都快要哭了。"你在我前面!"他在前面，我在后面。"快走！快走!"我不停地催他，不知不觉我俩就跑了起来，越跑越害怕，越觉得后面有东西。"扑通"一下，狗剩被石头绊倒了，我也被他绊倒了，手电筒被摔了出去，袋子也滚到了一边。最可怕的是，手电筒竟被摔灭了，我摸索着把手电筒捡起来，按平时的经验用力拍了拍，老天保佑，又亮了，一照，狗剩的膝盖磕破了，血都淌下来了。"疼吗?""不疼!"他平时可是有名的"尿罐子眼"（爱哭的孩子的别称），再一看，螃蟹爬得满地都是，也来不及捡了，我俩继续往家跑。结果，快跑出山口的时候，手电筒忽然不亮了，怎么摇，怎么拍也不灵了，我知道，这是电灯泡"闪"了。我俩只得手拉手小心地凭感觉往回走，磕倒了几次，脸上被树枝划了多少次，也数不清了。也是在那一晚上，我体验到了盲人的痛苦，按现在的说法，那就是典型的体验教育。

等我半拖半拉地拽着狗剩磕磕绊绊地走近村口时，就看到村口有几支手电筒的光柱在晃，还隐隐约约听到喊"狗剩"的声音，我使出全身的力气大声喊："我们在这里!"只见光柱晃得更厉害了，那些人显然是朝我们这边跑来了。近了一看，果然是两家的父母和一些邻居。狗剩这才"哇"的一声哭开了，我却表现得很坚强。我爹上来就给了我一个耳光，别人把他拉开了。"找到了就好，找到了就好。""这俩孩子，真够野的。"在人们七嘴八舌的议论中，狗剩让他娘背着，我被我娘拖着，就各自回了家。当然，我又挨了几个耳光，但我当时最心疼却是我们的袋子在磕碰中碰出了几个大窟窿，螃蟹只剩下了二十几个。

就是这么几个螃蟹，我还是让娘饿了它们几天，然后按照爹说的方法炸了，也让狗剩和他爹娘过来尝了尝，正如爹所说的那样："那个香就甭提了。"

大概今生是再也吃不到那么香的螃蟹了!

乐收山楂

"十一"假期，我们一家人去了农村的岳父家。正是农忙时节，我们参加了秋收，免费享受了一次农家乐，让平时紧张的神经在活动中彻底放松了一番，也让酸痛的筋骨在活动中焕发了生机，令人回味无穷。

三天时间，我们干起了掰玉米、播小麦、拔花生、刨地瓜、割高粱等农活，而最有成就感、最有趣味性、带给自己最多启示的就数摘山楂了。

还没到地里，远远地就望见前边红通通的一片，每一棵树都像一个身披暗红色外衣的巨人。走近山楂树，我简直不敢相信自己的眼睛，山楂竟如此之多，枝头上全是，一堆堆，一簇簇，枝头被压得低低的，很多枝条都被棍子顶着，防止折了。儿子更是惊奇无比，不停地叫着："这里的多！那棵树上更多！"我们迫不及待地摘起来，左手抓住枝条，右手抓一簇山楂，轻轻向上一推，山楂柄与枝条连接处便折断了，一抓就是一大把，很快挂在胸前的布兜就沉甸甸的了。当然，与岳父比起来，我连他的三分之一采摘量也不及。大舅子哥嫌这样采摘太慢，就拿棍子打，只见山楂不停地往下落，只听见"噼里啪啦"的声音，就像下一场红雨一般，很快，树下就堆了厚厚的一层。儿子急忙往筐子里捧，好一幅"全家金秋采摘图"。

我们边干活边闲聊，我看到自己家的山楂比邻家的山楂好得多，就问岳父："他们家的山楂怎么又少又小？"岳父自豪地说："他们家灭草剂打晚了。今年我打了两遍灭草剂、三遍农药，浇了三遍水，你看效果出来了吧。"他又意味深长地说："人误地一时，地误人一年，地是一样的地，就看你怎么侍弄了，庄稼不好不能怨地，不能怨苗，要怨自个儿啊。就像你教学生，学生考试考不好怨谁，不能怨学生，不能怨家长，要怨的是你当老师的。你没'侍弄'好他们，没把所有心思都用到他们身上。侍弄果树，干了要浇水，有虫子要打药，不同的果树还要有不同的侍弄法；学生也是该背的时候让他背，该写的时候让他写，不能随意想干什么就干什么，不同的学生你还得有不同的教育方法。你说，是不是这个理?”我细细咂摸着岳父的话，还真是这样的，教学如种地，这个比喻我以前从来没有想到过。庄稼长不好怨侍弄庄稼的人，学生学不好怨“侍弄”学生的老师，一点都不假。

要回家了，岳母把三个大塑料袋搬上车，里面满是嫩玉米棒、红的或黄的地瓜、大大的山楂、圆圆的南瓜。看来，岳母是看我农家饭吃得香，才再满足一下我的食欲。岳父不停地说，把山楂放到小缸里，盖上细沙，一冬天都不会坏；可以煮了加上白糖和蜂蜜制成山楂罐头吃；可以串成冰糖葫芦吃；还可以切成片晒干，制成山楂片泡水喝，健胃消食，管用得很。在絮絮叨叨的嘱咐中，在响彻云霄的欢笑中，车子前行了。

国庆节岳父家之行，我不仅享受了秋收之乐，放松了身心，强健了筋骨，大饱了口福，还悟到了为师之道，真可谓一举多得，不虚此行。

享受清晨好时光

“一年之计在于春，一日之计在于晨。”现在正是春暖花开、莺歌燕舞的时节，早晨六点天已明朗，在八点上班之前的这段时间里，是我惬意而充实的“享受”时间，我充分享受着清晨的大好时光。

我或到阳台，或到楼下广场，呼吸一下新鲜空气，看花红柳绿，听小鸟啾啾，在徐徐的春风中，开始晨练。我晨练的套路是自己创造的，重点是活动上半身，因为久坐、久写、久看的缘故，我主要感到颈部、肩周和脊椎部不舒服，可能多数老师都有我这样的情况吧。这三个地方我各活动100下，即把头尽量往后仰或转动颈部100下；以肩关节为圆心抡动胳膊100下；双手叉腰，前后活动腰部或转动腰椎100下。有时也活动一下腿关节，或原地踏步跑10分钟，或扶着小树或门框站立，两腿轮换分别踢空100下。一套动作下来，身上微微有汗，很是轻松舒服。有时还小跑到远一点的田间地头，闻着泥土和野菜的清香，看红红的太阳从地平线上冉冉升起，给人以无限信心和希望。往回走时或挖点野菜，或撸点榆钱，或摘点槐花，回去或凉拌或煮粥，咀嚼一下春天的味道。

晨练后，我再给花浇浇水、除除草、松松土，或喂喂养的热带鱼，待心情平静下来，肌肉也逐渐放松下来。然后，翻开钟爱的书，静静地走进文章中，感受书的芬芳，半小时的读书，足以令我一整天都觉得开心和踏实。

接着，来到厨房，和爱人共备早餐，粥是必备的，或小米绿豆粥，或南瓜大米粥，或清汤玉米羹，再拌上一个小凉菜，炒上一个热菜，每人倒一杯牛奶，唤醒儿子，一家人便其乐融融地开始用餐。一家人咀嚼饭菜的声音，儿子对我做菜手艺的夸奖及狼吞虎咽的样子，还有妻子偶尔投来的赞赏的一瞥，或不经意的一句“老公越来越能干了”，都会让我的心里荡漾着一股暖流，心里轻轻说：“早晨，真好！”

清晨，让我享受到了人生的充实，让我陶醉其中。清晨的好时光，给我带来一天的好心情。

鱼“戏”人生

我爱抓鱼，养鱼。是鱼，陪伴我走过了三十多年，给我带来了快乐，也带来了一些人生的启迪。

小时候，从河里捞条小鱼，养在罐头瓶子里，放学后从不在路上乱逛，而是先回家看鱼，看到它自由自在地游来游去，心里就十分舒坦，这样好像总有个事记挂着，就感到很充实。记得有一次，听同学说村西河里发大水，鱼多得很，心里痒痒的，经过激烈的思想斗争后，我终于溜出了学校，一溜小跑到了河边。果然，有不少人在抓鱼，有用网子网的，有用自制的铁鞭抽的，还有用铁拍子拍的。我也加入到抓鱼的行列中，没有工具，就用手乱抓，用脚乱踩。就这样，还抓了不少，用柳条串起来，高高兴兴地回家去，心想：这次爹可有下酒菜了。没想到，这串鱼换来的不是表扬，而是一顿猛揍，洋槐条抽到身上的时候我才隐隐约约产生了“玩物不能丧志”的意识，且终生谨记。

很快，我走过了童年到了青年，现已到了中年，三十几年来，自己的养鱼情结不仅没有消失，还越来越强烈。养本地鱼已满足不了我的“胃口”，于是“鸟枪换炮”，改养热带鱼。为了给鱼一个温馨、舒适的“家”，经过精心设计，我先在鱼缸底铺上一层细砂，将充氧机的冒气口埋在细砂里，上面盖一块玻璃，小气泡就在两部分细砂空隙处的玻璃下滚动并冒出水面，宛如一串串珍珠，灵动得很。然后，我在细砂中栽了水草，放置上自己捡拾的半截枯木、一块怪石，打开盖子上的蓝色日光灯，一个鱼的乐园便出现在眼前。俗话说：“养鱼先养水。”为了保持鱼缸的水质，我坚持每周换两次水，先把水放在阳台上晒三天，然后用管子把鱼缸底部的废物抽出来，再把晒好的水倒进去，乐此不疲。妻子有时说：“你也不嫌累？我看着都累。”但我一笑置之。由此，我也真正懂得了孔子的一句话：“知之者不如好之者，好之者不如乐之者。”由此及彼，想认真干某件事，首先要有兴趣。作为教师来说，提高教学效率，最关键的就是提高学生的学习兴趣，因此，在平时的教学中，我总是千方百计地在提高学生的学习兴趣上下功夫。学生在日记中总说我是他们最喜欢的老师，我的心里也美滋滋的，这还得感谢我的鱼呢！

每次下班一回到家，我做的第一件事就是坐在鱼缸边看鱼，看它们游动时的绰约风姿，看它们的嘴巴一张一合，看它们共同嬉戏。此时，什么事也不想，心无杂念，紧张的神经得到放松，上班的劳累和烦恼顿消，极具“养眼”和“净心”的功效。有时，看到一条鱼拉了屎而其他鱼都去抢，结果，抢到的鱼大吃一口而快速吐出，我就想：看来，大家都抢的东西并不一定就是好东西。观鱼还能悟出点人生道理来呢！过了谷雨，一到周末，只要天公作美，我便和儿子一起到河边网小鱼，作为热带鱼的美食，不在乎能捞到多少，关键是网鱼的过程让人陶醉。和风徐徐，小鸟唧唧，把网子放入水中，爷儿俩便在河边游玩，或打水漂，或看云彩，或吹柳笛，或捕蚂蚱，其乐融融，劳累和烦恼随风而去。

可是有一天，儿子忽然说：“爸爸，你真狠！”我一惊：“我怎么了，我可善良着呢，上一次有一只燕子飞进了我们家，我不是敞开窗户让它飞走了吗？倒是你，那天在公园里见了几只蚂蚁，竟用脚把它们踩死了。你想，它们的妈妈晚上找不到它们该多着急呀！它们也是有生命的。”儿子的脸有点红了，但马上反驳道：“那也没有你残忍呀。”我又是一惊，儿子竟用“残忍”二字来形容我。“你说说，我怎么残忍了？”“你把小鱼捞进鱼缸里，大鱼就扑过去，把它们一口口地吞掉，你看那些小鱼的眼神，真是可怜啊！它们也是有生命的。”“这……我……”我哑口无言了。想了想，定了定神，才反驳道：“大鱼吃小鱼，天经地义，如果不让大鱼吃小鱼，大鱼就饿死了，同样是太残忍了。”“那你用小鱼喂大鱼，我就用脚踩蚂蚁。”最后，我们达成协议：儿子不再踩蚂蚁了，我也不用小鱼喂大鱼了，改用成袋的鱼饲料。这场由鱼引起的带点哲学味道的“残忍论”大战才算画了一个圆满的句号。不能用小鱼喂大鱼，但我和儿子还是很想去捞鱼，于是又准备了一个小一点的鱼缸，把捞来的小鱼放在里面，法定监护人是儿子，由儿子管理，皆大欢喜。前几天，在爬山途中，我们都在休息，儿子发现一个空饮料瓶中有一只蚂蚁已奄奄一息，就把它倒出来，让它慢慢爬走了。我不动声色地看着，一丝欣喜在心底荡漾开来。应该说，儿子真正体会到了生命的珍贵，哪怕是一个对人来说微不足道的生命。

我养鱼，我快乐，我充实，我为养鱼劳动着并幸福着。养鱼，让我的生活有滋有味。

多用肢体语言，缓解喉咙刺激

今年，我教小学一年级，连续几年教高年级的我真是感到不适应。知识方面当然没有问题，只是维持课堂秩序令我头疼不已。课堂上，学生就像一群小鸡，唧唧个没完，这个戳那个，那个拉这个，任你怎么说，怎么生气，他们就是不听。没有办法，我只能大声喊，想用自己的声音盖过他们的声音。情况的确得以改善，但自己的喉咙受不了了，头一天下来就感到嗓子发哑，只好拼命喝水。又过了两天，就感到嗓子疼痛。一周下来，就实在说不出话了。可没有法子，课还得上，结果，那一节课虽然自己喉咙沙哑才出了几次声，但课堂效果却出奇地好。

一上课，我没有像往常一样大声说："坐好。"而是先站在讲台上，把食指放在嘴边："嘘……"等大部分学生看见我了，我把双手平放，做出坐好的姿势，结果，大部分学生都跟着学了，其他学生看到大家都坐好了，也跟着坐好了，甚至比平时坐得都好。课上，我们学写"山"字，我没有多说话，先把"山"写在黑板上，然后指着范字和学生一起描，且利用课件演示了"山"的演变；让学生练习时，写字姿势不规范的，我或是用教鞭轻托学生的下巴，或是轻点学生的后背；评价时，写得好的我冲学生点点头，写得特别好的我冲学生伸伸大拇指，写得特别不好的我冲学生摆摆手，学生们对此兴致很高；有的学生说话，我就"嘘"一下，他就不说了，有的学生回头，我就过去轻轻抚摸他一下，或用手轻轻转过他的脸，几个学生又不好意思又调皮地冲我一笑；进行"加部首变字"练习时，我采取了做游戏的方式，一手拿部首，一手拿原字，两手一碰，学生说变成的字，再组词，都学得很投入。不知不觉就下课了，我没有说几句话，但课堂效果却很好，我还保护了自己的嗓子。

以后上课时，我有意识地多使用肢体语言，效果不错。比如，现在上课前学生只要一看到我做出坐好的姿势，他们就会很自然地坐好。看来，小学低年级教学中，只凭教师的大嗓门来压学生的声音是不行的，应在提高学生的学习兴趣方面下功夫才对。而多用肢体语言来缓解喉咙刺激，不失为一种既能提高学生学习兴趣又能保护教师嗓子的好办法，很多同事用了这个方法以后都说好。

爱上深呼吸

我们都有这样的体会，睡眠不足时总会不自觉地打呵欠，遇到愁事也爱叹气。实际上，这都是深呼吸，是机体的一种自我保护方式。通过深呼吸，人体可以快速补充大脑的氧气，消除疲劳，缓解紧张，有益于身心健康。

多年的经验证明，教师在很多情况下有意识地深呼吸，对身心健康是极为有利的。

一、学生犯了错误时。深呼吸，可以平息怒火，能更理智地处理问题，从而避免体罚、讽刺、挖苦学生等现象的发生。

二、上课紧张时。深呼吸，可以缓解紧张的情绪，使心情平静，更好地理顺授课思路，及时调整心态，提高课堂教学效果。

三、和同事争执时。深呼吸，可以促使自己保持冷静，更全面地分析双方的对与错，防止事态的扩大化，以便更科学地处理问题，更好地处理与同事的关系。

四、感到疲倦时。深呼吸，可以放松心情，补充大脑氧气，振奋精神，消除疲劳，提高机体的“战斗力”。

其实，除上述情况外，我们随时都可以深呼吸，每一次深呼吸都会令人心情舒畅、全身放松，紧张和疲劳感顿时全无。不信，你也来试一下，保证你也会爱上深呼吸。

“四多”使自己心态平和

可以说，教师每天的烦心事总少不了：学生作业不能及时完成啦，学生打架斗殴啦，学生粗心大意考试考得一塌糊涂啦。可以说，教师每天一到学校，烦心事就会“迎面而来”，数也数不清，如果教师不能及时调整自己的心态，事事和学生“较真”，轻则厌烦学生，重则厌烦教学。我认为，“四多”法可以让教师的心态平和一些。

一是多一把“尺子”来衡量学生。多一把衡量学生的“尺子”，就多一批优秀学生。我们在评价学生时，往往看重的是学生的学习成绩，特别是那些上级统考科目的成绩。但就学生本身来说，“山不转水转”，他的语文虽然学得不好，可能唱歌唱得好，数学学得不好，可能画画画得好。“三百六十行，行行出状元”，想想自己的同学之中，有多少上学时在老师心目中是“差生”的现在成了叱咤风云的人物。因此，教师应多学习多元智力理论，不能老抓住某个学生的语文、数学成绩不放，或总拿某个学生的英语成绩说事。再者，“十个指头不一样齐”，学生的个体差异是客观存在的。教师用一个标准来衡量学生，想把他们塑造成“标准产品”，这是学生的悲哀，也是教师的悲哀。

二是多一点对学生的宽容之心，多想想“他们毕竟是孩子”。孩子，自有孩子的天性，他们好奇、好动，想法单纯、幼稚，因此，他们往往会做出在大人眼里是出格的事。“孩子犯错误，上帝也会原谅的”，应允许孩子犯错误，不能因为他们犯了错误就“一棍子打死”。再者，想想自己家的孩子，不也是一个“麻烦制造者”吗？自己的孩子犯了错能谅解，别的孩子犯了错为什么教师不能谅解呢？

三是多想想自己的小时候。哪个老师敢说自己小时候没有做过违背老师意愿的事？我也曾因偶尔没完成作业而让家长给自己请病假，也曾把小麻雀装在口袋里而扰乱课堂秩序，也曾因一时羡慕而将人家的桃树挪到自己家的菜园里。将心比心，顿觉释然。

四是对“乖孩子就是好孩子”多点质疑。什么样的孩子是好孩子？如果你说是乖孩子，那就错了。乖孩子无非就是听话的孩子，听话的孩子就是好孩子吗？不尽然。乖，一方面说明他懂事，另一方面也说明他失去了自我。失去了自我，也就失去了个性，失去了创造性。有时，真的不怕学生没知识，就怕学生“没脑子”。“成功的秘诀就在于与众不同”，所以，如果乖孩子是好孩子，我觉得“和教师叫板”的孩子、经常被人说成“羊群里跑出的狼”的孩子更是好孩子。

沉浸在儿子的玩具世界里

家有小儿，自小嗜好玩玩具。我认为，现在孩子平时的玩伴少，玩玩具也未尝不可。儿子又特别钟情于那种拼插的玩具，在拼插之中就锻炼了想象力和动手操作能力，何乐而不为？更重要的是，我从儿子的玩具世界中找到了一种休闲方式，那就是有空就和儿子一起玩玩具，听儿子讲述玩具的故事。真是其乐融融，乐在其中矣。

我首先是儿子的经费赞助者和参谋。儿子相中了哪种玩具，我就和他一起研究这种玩具好玩在哪里，如果儿子说得有道理，确实能做到“在玩中学，在玩中开发智力”，我就毫不犹豫地掏腰包，当然是在我的经济承受能力范围内。儿子也很乖，从不要那种大大的、动辄上百元的高级玩具，一个两元钱的小小组合装甲车就足以让他欣喜若狂。

其次，我是儿子的组装小助手。在儿子组装宇宙飞船时，他边组装边依次说着大炮、乘坐仓、加速器、启动装置、操纵杆等要用的装置，而我仔细地给他一一找出，递到他的手里。我们的关系俨然是给病人动手术时主治大夫和护士一般。有时我找得慢一点或找错了，儿子还会着急地呵斥一番，说我如何笨，我也欣然接受，谁让我在这方面确实不如他呢！当看到我们的共同作品摆在面前时，那份喜悦是旁人所体会不到的。

还有，我是儿子的忠实听众。每当买了新玩具，儿子组装起来后，都会和我讲述他是怎么组装的，每个装置有什么用途。有时，他会凭着自己的想象把几个毫不相干的玩具联系起来，放在一个故事当中，讲得头头是道。每每看到他陶醉在自己的玩具世界和想象空间里，听着他滔滔不绝的讲解，我也会沉浸其中，为他的无与伦比的想象力而高兴，为他的超常的口头表达能力而骄傲。

作为一个教师，每天总会被学生弄得不愉快，每天总有忙不完的事，而每当和儿子一起探讨玩具的玩法时，每当和儿子一起拼插玩具时，每当听儿子讲述玩具故事时，我就忘却了一切烦恼和劳累，就那么静静地想着、坐着、听着，成了一个“大顽童”，儿子的玩具世界成了我心灵休闲的避风港。玩玩具的过程中，儿子和我是那样的亲密无间、心有灵犀，欢声笑语时时回荡在家中。同时，看到儿子玩玩具那么投入，我就想到，兴趣是最好的老师，同样一件事，没有兴趣就变成了苦差事，有了兴趣就为之乐此不疲，而想方设法激发学生的学习兴趣才是提高教学质量的关键。

儿子的玩具世界，让我沉浸其中，乐在其中，休闲在其中，启迪在其中。

用意静听花开声音　六

如果让老师用一个字来概括自己的生活状态，很多老师会不约而同地说一个字：忙。如果再加一个字，那就是：累。日升日落，一天又一天，一年复一年，在这又忙又累的状态中，很多老师有着诸多抱怨和遗憾，焦虑和职业懈怠症便不知不觉找上门来。

的确，在纷繁嘈杂的现实世界中，教师如果总陷在重复无趣的教学工作中，甚至还总困在分数与评比中，就容易模糊了自己的定位与价值。静下来思量，自己到底收获了什么？可能只落得一声叹息。

物随心转，境由心造。我觉得，要摆脱这种状态，关键是心态的问题，是意境的问题。没完没了的日常教学工作，当然都要认真对待，要做好。但教师还要“见缝插针”，要有自己的心灵空间，为自己保留一片天地，保留一块“自留地”，哪怕是一块不大的“自留地”。

周作人有一篇文章，大意是说，心灵自由和写作自由的空间是属于自己的空间。无论工作多忙，我们也要有自己的精神空间和精神家园，有自己的一点点精神追求，在“自己的园地”中找到自己的一点“乐子”。

爱好不同，志趣则不同，心灵空间可能就不同。但有一点是相同的，那就是向往美好、憧憬纯洁、渴望清静。由此，人的内心也变得空灵，变得充盈。而这，正是烦躁、空虚的克星，是治疗焦虑和职业倦怠症的良方。还有一点是相同的，就是要有一双善于发现美的眼睛，用心去体味，用爱去探寻。

静听花开，让紧张的心弦放松；静听花开，让如花的孩子更娇美！只要心灵不荒芜，就会永远充实并快乐着。

笑靥如花

有一种面部肌肉的轻微运动叫作微笑，它代表着一种积极的心理状态，它是一种朴实的精神动力。古希腊哲学家苏格拉底说："在世界上，除了阳光、空气、水和微笑，我们还需要什么呢。"换句话说，微笑同生活中的阳光、空气、水一样重要。

世界上什么东西最美？画家说，是绚丽的色彩；音乐家说，是美妙的音符；运动员说，是强健的体魄……对于教师来说，世界上最美丽的，是我们绽开的微笑。微笑是教师语言、心灵、行为、形态共同美的生动体现；微笑是教师高洁、典雅、和谐、亲切的语言；微笑是教师与学生心灵相通的七彩阳光；微笑如柔和的灯光，温暖学生，明朗自己。

一位教育家曾经在学生中以"你不喜欢什么样的教师"为题进行调查，结果，学生多会选择"不会微笑"一项。高考作文题"假如记忆可以移植"，有位考生这样写道："假如记忆可以移植，我要把蒙娜丽莎的微笑移植给我的班主任，让她铁板的脸露出微笑。"看来，教育需要微笑的老师，学生需要微笑的老师。从这个意义上说，不苟言笑未必就是好老师，一味严厉未必就是好老师，而不会微笑的老师绝不是受学生喜爱的好老师。

说起教师的微笑，不能不让人想起魏巍《我的老师》中的一段话："教鞭好像要落下来，我举起石板一迎，教鞭轻轻地敲在石板上，大伙笑了，她也笑了，我用儿童狡猾的眼光察觉，她爱我们，并没有真心要打的意思。"每读此段，眼前仿佛出现蔡老师灿然纯净的微笑，心中顿时变得明净清澈，不由地为师生间这样美妙的瞬间、这种无言的默契、这种和谐和纯净叫好！看来，教师的微笑，真是一根神奇无比的魔杖，每每能让发生纠纷后情绪激动的孩子平静下来，能让那些桀骜不驯、调皮捣蛋的孩子变得乖巧懂事，更能使沉闷的课堂气氛活跃起来。教师的微笑是催开蓓蕾的晶莹甘露；教师的微笑是滋润学生心灵的春风；教师的微笑是开启学生智慧的钥匙。教师的微笑，会带给学生无限灿烂的阳光。

教师的微笑很美。我让学生写以“……真美”为题的作文，很多学生写了《老师的微笑真美》。与学生做游戏时，我同他们一样开心地笑；当学生遇到困难时，我用微笑给他们增添力量；当学生改正了缺点时，我更要拿微笑作为最好的奖赏。我发觉，我的微笑越多，学生越活泼、可爱，我的工作劲头就会越足。微笑，是照耀幼苗的那一缕阳光，是滋润学生心田的那一泓甘泉。可以说，微笑，是教师最生动、最阳光、最自然、最和谐、最健康的面部表情。

教师的微笑是一种修养，是一种品位，是一种难能可贵的教育资源。西方有一句谚语说得好：“教师就是面带微笑的知识。”你拥有了微笑，你便拥有了学生。古人云：“忧者见之则忧，喜者见之则喜。”教师的微笑，是一盏灯，照亮学生暗淡的心灵；教师的微笑，是一座桥，引导学生踏上彩虹。教师，因微笑而精神焕发；课堂，因微笑而暖意融融。“赠人玫瑰，手有余香”“给人一缕阳光，他会拥有一轮太阳”，将欢乐与信任给予学生，我收获的是更多的快乐与欢笑。

教师的微笑是一种力量。英国诗人雪莱曾说：“微笑，实在是仁爱的象征，快乐的源泉，亲近别人的媒介。有了笑，人类的感情就沟通了。”而世间没有什么比教师的微笑更容易使师生平等沟通、关系融洽，更容易使学生主动追求上进的了。换一种说法，教师的微笑是一种生产力。郭元祥呼吁，教师的微笑、眼神、声音、服饰等将决定学生40％的学习成绩，教师在课堂上要教好这一本“无字书”。美国心理学家艾帕尔·梅拉别恩在大量实践后，曾得出这样一个公式：信息的总效度＝7％的文字＋38％的音调＋55％的面部表情。著名作家罗曼·罗兰说：“面部表情是多少世纪培养成功的语言，是比嘴里讲的要复杂千百倍的语言。”教师的微笑意味着“爱”，意味着“期待”，意味着“尊重”，意味着“宽容”，意味着“肯定”，因而，教师的微笑是打动学生心灵的最美好的语言，是联系师生情感的纽带，是沟通师生心灵的桥梁，它被誉为“解语之花”“忘忧之草”。可以说，微笑是一种教学艺术，是学生愉快学习的法宝，教师要想提高教育教学质量，必须先学会微笑。

教师的微笑是一种品牌，是教师最好的名片。教师真诚地微笑，这一美丽的瞬间将永远定格在学生的脑海中。学生可能忘记了你的姓名，但永远不会忘记你的微笑；家长可能不认识你，但会知道那个爱微笑的教师。教师的微笑，是教师事业不竭的生命力。微笑，意味着对学生的那份真挚的爱，而对学生的爱，是唯一能让教师永葆青春的良药。

教师的微笑更是一种文化。卡耐基说："微笑，它不花费什么，但却创造了许多成果。它丰富了那些接受它的人，而又不使给予的人变得贫瘠。它产生在一刹那间，却给人留下永久的记忆。"教师的微笑是关注，使学生觉得自己在老师心中有地位；教师的微笑是赞许，能给学生以不夸张的肯定；教师的微笑是友好，预示着和学生之间没有心理鸿沟；教师的微笑是激励，表示师生可以共同努力；教师的微笑是关心，似乎在对学生说"你好吗"；教师的微笑是宽容，好像在对学生说"没关系"。当学生取得了成绩与进步时，教师的微笑是一种鼓励和表扬；当学生偶尔出错、决心改正时，教师的微笑是一种宽容与信任；当学生遇到了难题时，教师的微笑是一种抚慰与鞭策。教师的微笑体现了崭新的教学理念，是师生平等的具体表现；教师的微笑是一种教育的细节，体现的是教师"以人为本"的胸怀。教师的微笑是微微的一颦，是轻轻的一笑。微微一颦，使学生顿觉放松，远离紧张，远离心虚；轻轻一笑，使学生倍感自信，走向愉悦，走向成功。教师的微笑和教师的严厉同样重要，但二者相比，微笑更平和、温和，更可亲、可爱。严厉的教师令学生敬畏，微笑的教师令学生喜爱，善于在严厉中不时渗透会意微笑的教师，则令学生敬爱。

微笑总与文明同行。由 2008 张市民笑脸汇聚成的 120 米长的迎奥运"微笑墙"展示了青岛的城市文明；郑州陇海中路小学里，由 72 位老师的灿烂笑容组成的"微笑墙"则让全校师生在微笑中开始一天的学习和生活；乌鲁木齐市第二十七小学在校园内开展的"微笑活动"则让整个校园暖意融融。

教师，你的微笑真的很重要，莫吝惜微笑，莫让所谓的"师道尊严""严师出高徒"封杀了你心灵深处想要微笑的欲望，释放你的心灵，绽开你的微笑！做个爱微笑的教师吧，微笑着面对生活赐予的所有。只要心中有爱，就会有快乐！就让我们通过微笑把爱的火炬传递给学生，为爱插上翅膀，让爱在蓝天白云间飞翔！有一首歌叫《让世界充满爱》，而如果让我写一首歌，我想写的是：《让教师的脸上充满阳光的微笑》。

笑靥如花。微笑吧，教师，微笑的你是最美的。

一闪一闪亮晶晶

“我已经和他妈妈谈了，不能再这样了，我可教不了这样一个‘木头’孩子。我还找了校长，非让他妈妈把他领回去不可。”一下课，二班的班主任王老师走进办公室就发起了牢骚。他口中的“木头”学生叫王凯，据王老师说，王凯的妈妈在本地打工，王凯刚转学过来还不到两个月。不知道什么原因，这个学生都十岁了才上一年级，更让人不能理解的是，他整天一句话都不说，连笑都不笑一下，如果急了，他只会哭鼻子，但从来不张开嘴哭，总是默默地流泪。有时把王老师惹急了，王老师就说他是“木头”。

“侯老师，你到我办公室来一下。”校长一个电话把我叫到了校长室。一个身材瘦弱、穿着破旧的中年妇女坐在沙发上，看见我，马上站了起来，很是拘谨的样子。校长说：“侯老师，这是王凯的妈妈，王凯同学的情况有点特殊，他不大爱说话，学习也不太好。你平时在班级管理和教学中很有办法，我想让王凯同学到你们班，相信你不会拒绝吧？”王凯的妈妈也连忙说：“侯老师，求求你了，你就收下凯凯吧！我不求他学得多么好，只要他不出事就行了。”虽然我万分不愿意，虽然我知道这样做还可能会得罪王老师，但看到王凯妈妈那无助的眼神，我实在狠不下心拒绝校长这个“霸道”的要求。

于是，王凯就成了我们班的一员。真是“不教不知道，一教吓一跳”，几天下来，我就完全理解王老师为什么叫王凯“木头”了。课上，他不能读出课文中的任何一句话，不能计算一位数以上的加减法。换句话说，他是一个弱智的孩子。更让人苦恼的是，他从来不会笑。有一次，我特意讲了一个笑话，全班学生都笑翻了天，只有他无动于衷，就那么木然地看着其他学生前仰后合地笑。我知道，对一个孩子来说，不笑，就代表他不快乐。我当了 14 年班主任，连让一个学生笑一笑的本事都没有，我还怎么对得起“县优秀班主任”的称号？于是，我决定先从“让他笑”上下功夫。

几周下来，我真有点失望了。我不仅对他失去了信心，对自己的教育教学能力也失去了信心。说实话，我真有种无能为力的感觉。课上教他读课文，领读三遍他还是不会读；让他回答问题，他只是呆呆地看着我；课下和他交流，他最多只是用点头或摇头表示。

我通过电话和他妈妈交流了几次，也没有什么好办法，只好跟校长诉苦。最后，校长找来他的母亲，商量看能不能把孩子领回家去。校长说：“您儿子极可能读一辈子小学一年级，把他领回去吧。”王凯妈妈一听，紧张得语无伦次：“让他留下吧……就算一辈子只读小学一年级，我也认了……求你们留下他。”校长说：“我们已经尽力了，可是，他连笑一下都不会。”她说：“没关系，笑不笑都没关系，只要你们能够留下他，让他继续上学。”她的执着，让人不忍拒绝。

于是，王凯继续在我们班上课。他仍然念不了完整的句子，仍然不会计算一位数以上的加减法，并且，一直没有笑过。

新的学期开始了，我决定到王凯家进行一次家访，我想，再这样下去，对他毫无用处，不过是浪费时间和金钱。我来到他家，他的母亲轻轻开了门。这是怎样的一个家啊！一间屋子，阴暗潮湿，散发着难闻的异味。王凯已经躺下，睁着眼看着屋顶，表情严肃。在家里，他也不会笑——我有一种深深的绝望。他妈妈给我倒了一杯水，抱歉地说：“您坐一会儿，我先把他哄睡。”

她坐在床头，轻轻抚摸着王凯的头，轻轻唱起来：“一闪一闪亮晶晶，满天都是小星星，挂在天上放光明，好像许多的小眼睛……”她的声音沙哑，歌声没有丝毫的美感和感染力。但我却惊奇地发现，王凯竟然笑了。他妈妈继续哼唱着：“一闪一闪亮晶晶，满天都是小星星，挂在天上放光明，好像许多的小眼睛……”他继续笑着，脸像一朵绽开的花朵。他妈妈的声音渐渐舒缓下来，他的表情也渐渐平静下来，从兴奋归于恬静。终于，他睡着了。在睡梦中，他的脸上还挂着笑容。

他妈妈一边为他掖被角，一边说：“只有听到这首歌，他才会笑，才肯睡觉。他两岁时，他爸爸还在。一次喝酒，他爸爸抱着他，唱了这首歌，他就笑了。于是，我学会了这首歌……他五岁时，他爸爸在一次车祸中丧生，他就不爱笑了。”接着，她又问我：“您是来劝他退学的吧？”我灵机一动，说："我想让你教我唱这首歌。"

第二天，我对全班的孩子说："今天，我来教你们唱一首歌。"接着，我轻轻地唱起来："一闪一闪亮晶晶，满天都是小星星，挂在天上放光明，好像许多的小眼睛……"我看到，他唱得最认真，我也看到，他终于笑了……

鸟语悦耳心怡然

暑期中，我们一家人在岳父家小住了几日。岳父家在远离城市的山谷里，那里俨然世外桃源一般，让我这个身处闹市、平时工作紧张繁忙的小学教师的心彻底沉静了下来。尤其是晨听鸟语，让整天被学生吵得嗡嗡作响的耳朵得以清静下来，耳膜得以修复和保养，身心得以放松和净化。

做客的第二天早晨，一觉醒来，我便听到几声清脆的鸟鸣。推开木窗，轻烟般的云雾在山中缭绕，夜雨洗刷过的天空显得那样纯净，丹青水墨似的田野一下子直扑入我的眼帘。看了看熟睡的妻儿，我翻身下床，推门沿着山路随意地走着。草尖上露珠晶莹闪光，湿润而略带泥土气息的空气让我不由地大口呼吸起来。来到半山腰，我在一块光滑的石头上坐了下来，满眼葱绿，几声布谷鸟的叫声引起了我的注意。竖起耳朵，我细听起来，竟是满耳的鸟鸣声。这里“咕——咕——咕咕”，那里“吱溜——吱溜”；远处“咯呱——咯呱”，近处“叽偶——叽偶”；树上“叽叽——哇”，草丛中“喳喳——咔咔”。有的悠扬，有的短促；有的清脆，有的沉闷；有的圆润，有的沙哑；有的只是单调的那么一个音符，有的却婉转如一大段优美的旋律；有的鸟在远处的山上叫，却听得很清楚，有的鸟就在旁边的树枝上，声音却纤细如丝；有的鸟在树梢上叫上半小时也不歇息，有的叫几声换一个地方，还有的从这座山头一直叫着飞到那座山头，一会儿又叫着飞回来；有的鸟叫起来总是一个调子，有的鸟却时时变换调子，甚至细听起来每一声都不一样，声声相似声声异。不论怎么个叫法，都是那样悦耳，让人听着那样舒服。这可真正算得上是“处处闻啼鸟”了。更有趣的是，有只鸟在远处叫一声，这边竟有只鸟跟着和一声，有唱有和，百鸟争鸣，就如山林中正上演着一部大型协奏曲，让我陶醉不已。我的所有听神经都兴奋起来、调动起来了，这是真正的聆听，一时忘记了时间，忘记了周围的一切，脑中只有鸟叫声了。一直到儿子在背后捂住了我的眼睛。我让妻儿不要闹，也来细听鸟叫声，很快，他们也进入了鸟鸣的世界，直到岳母来叫我们吃早饭。

一连几天，我都起大早去听鸟叫。就那么静静地坐着，虔诚地听着，用心地欣赏着，全身心地放松、陶醉、愉悦，默默地享受着大自然的这一恩赐。其实，每天早晨能听到鸟儿鸣叫也是一种幸福，平淡的幸福。婉转悠扬的鸟鸣让置身于钢筋水泥丛林的我们回归自然，让我们那欲望十足、躁动不安的心得以沉静，更让我们那双在喧嚣吵闹中已疲惫不堪的耳朵得到疗养。

回家后，没有了“晨听百鸟鸣，晚踏绚霞光”的环境，我就每天早晨早起去公园转一转，听养鸟人挂在树上的鸟笼中传出的鸟的叫声。用耳朵聆听，用心感受花开水流、叶飘蝶飞、风吹雨落、虫鸣鱼跃。有时干脆闭上双眼，让心在聆听中透明灵澈起来。

去听一听鸟鸣吧，去用心听一听大自然的声音吧，听出敏锐的好耳朵，听出每天的好心情。

花开花落

早晨，我懒懒地走进校园里的樱花树林。

樱花已谢了！它开也匆匆，谢也匆匆，唯有绿叶婆娑。无意中，我发现了自己亲手种下的那一棵樱花树，心头不禁一震，它竟这么粗了！

我忘不了种它时的情景。那是1995年的春天，那时，我刚参加工作半年，血气方刚，干什么都好像有使不完的劲儿。学校组织植树活动，我一口气就把自己负责的树坑挖好了，还帮其他老师挖了几个树坑，高效率地完成了植树任务。这些年来，或因虫蛀，或因碍事，当时我们种植的50多棵樱花树现在只剩下20来棵了。而我种的这棵在幸存之列，生长至今，它的直径已有30多公分了，枝繁叶茂，有了属于自己的领地。它已陪伴我十一年，但我却第一次如此仔细地端详它，它的皮已不再细嫩光滑，布满了皲裂的痕迹，生活的沧桑在它身上留下了永久的烙印，也见证了它的成熟，它已不再是不堪一击的小树苗，已能搏击风雨了。“落红不是无情物，化作春泥更护花。”十一年来，它十一次花开花落，每一次花开花落，它都会粗一些，壮一些，枝条多一些，对风雨的抗击力也更强一些。十一年来，它不卑不亢地接受每一次风雨的洗礼，它成熟了许多，收获了许多。

我忽然想到自己，不禁心里一惊。十一年来，我又收获了些什么呢？学生走了一茬又一茬，正如樱花花开又花落，而我的收获呢？朱自清在《匆匆》一文中写到：“在八千多日的匆匆里，除徘徊外，又剩些什么呢？过去的日子如轻烟，被微风吹散了；如薄雾，被初阳蒸融了；我留着些什么痕迹呢？我何曾留着像游丝样的痕迹呢？”是啊，树已成材，而种树人却毫无建树，更可怕的是，向上“伸展”的生命力已衰减，而牢骚却满腹。种树时的万丈豪情哪里去了，树在成长，人却颓废，我真的“头涔涔而泪潸潸”了。时间是公正的，不论对人还是对树。时间之刀在雕刻樱花树年轮的同时，也在我的眼角刻出了细密的鱼尾纹，在额头犁出了几道沟壑。

我不由地崇拜起自己亲手种下的这棵樱桃树来，也由衷地对时间、对岁月、对生命充满了敬畏之情。

是啊，“春蚕到死丝方尽，蜡炬成灰泪始干”，自己在个人总结中总标榜要做春蚕和蜡炬，实际上又怎样呢？有时学生的作业看也不看就随手扔进纸篓里，有时学生到办公室，我随口就说“别来烦我”，一学期真正的家访没有几次，有时为了应付检查而大造班会记录和家访记录……从教学相长的角度说，在做春蚕和蜡炬的同时，教师的自身成长更不可忽视。可是，“做一天和尚撞一天钟”的心理状态怎能使自己更好地发展？此时，我不禁问自己：是为学生而活？为校长而活？还是为考试而活？这棵樱花树下面全是建筑废渣，可它却长势如此旺盛。反观自己，自己成长的环境不能说不优越，自己成长的土壤不能说不肥沃，怎么反而却如此颓废呢？不知从什么时候起，职业倦怠症已悄悄地爬上了自己的身躯。想想刚走进这个校园时，自己对一切都感到那样新鲜，对一切都那么用心：我曾和学生在操场上一起放风筝，和学生一起在田野里挖野菜，为让我们班在春季运动会中取得好成绩，我陪学生一起晨跑，我也曾在半夜中忽然想起某学生的试卷上有一道题我给看错了而起身。而现在，十一年前的那个有棱有角有事业心的种树人哪里去了？一句句“差不多算了”“无所谓”“何必呢”消磨掉了自己的所有斗志。难道真像有人说的，“医生越老越值钱，教师越老越无用”吗？看着樱花树叶上那晶莹的闪着金光的露珠，看着樱花树那充满韧性的枝条，我心里默默地对樱花树说：“我已比你落伍了，从今天开始，我要挑战自我、发展自我、提升自我。我要和你一起成长！”

急急地走出樱花林，我要去聆听孩子们那朗朗的读书声了。

享受阳光和花的味道

不经意间，照在人身上的阳光就变得暖暖的了。往周围一望，才知道春天已如约来临。这草长莺飞、蜂飞蝶舞、百花吐艳、万物复苏的季节，是让人躁动不安的季节，是让人不甘寂寞的季节。那蛰伏了一个冬天的心，开始蠢蠢欲动，又到和春天约会的时候了，又到享受阳光和花的味道的时候了！于是，在暖洋洋的阳光的牵引下，在灿烂妖艳、撩人心魄的花儿的诱惑下，我们全家决定在周末骀荡的春风中，放飞心中蛰伏已久的躁动，甩掉寒冷，抖掉慵懒，走进阳光的怀抱，走进花的世界，与阳光共舞，与花儿同醉，享受一下无拘无束的放松和快乐。

周末，天公作美，早上八点钟，阳光已透过窗户照到床头。一家人欣喜若狂，准备停当，马上成行，很快就到了郊外。我们在乡间小路上缓缓而行，蓝天像洗过一样澄澈洁净，太阳恬静地照着大地，阳光纯灿如金，柔柔的，清新宜人，似刚刚沐浴的机体，一缕一缕如同母亲温柔而又熟悉的双手抚摸着整个田野，也抚摸着我们身体的每一处地方。脚下踏过还略显稚嫩的小草，没有工作的忙碌，没有家务的劳累，什么事情都抛到脑后，让细微的风轻轻地掠过脸庞，倾听着小草纤弱的心跳，感受着阳光温暖的呼吸，任凭身边的红衣蓝裳扛着瘦长的锄头、操着乡音土语闪过我们的身旁，一切都变得不重要，我们只是用一种近似于原始的心情享受着攥在手心里每一分每一秒的阳光。此时，只想让平日里匆匆的脚步稍作休憩，欣赏一下鸟儿掠过天空时飞翔的自由，留意一眼盛开在小路两旁的野花，听一听春风拂面的笑声。或者懒懒地寻一方没有虫蚁足迹的草地，就那样静静地坐下来吧，让所有的心情和心事都在春日的阳光里翻晒一番，赶走那些有发霉迹象的细胞，任阳光把后背晒得暖洋洋的发痒。突然间，心底深处涌现出一种莫名的感动，一种对生命的感激之情。一种从没感觉过的味道触动了我的鼻子，这是一种特殊的味道，沁人心脾，芬芳、淡雅、暖熙、清凉……让人感受到安详舒适和温暖的力量，让人带着一份对未来收获的满腔希冀，自己仿佛置身于母亲温暖而又安全的怀抱中一样。我贪婪地享受着这种温馨和安逸，我想，这应该是阳光特有的味道吧，在这个祥和的春日里，我闻到了阳光的味道。我闭上双眼，久久地享受身上温暖的阳光，感受着阳光里春天般宽广的自由，感受着阳光里那抹淡淡的清香。我对儿子说："你闻到了吗？我闻到了阳光的味道。""阳光的味道？"儿子猛吸几次，说："还真有些暖、有些香咧！"伸手摸摸儿子的小脸蛋，我笑了："嗯，就是这个味道，是幸福的味道，是自由的味道。"儿子似懂非懂地点着头。其实，懂与不懂都没有关系，他此时是那么快乐、那么惬意，这就足够了。

甜美的阳光将味道附于灵动的春风中。那边，几个人在放风筝，在大人的牵引下，孩子手中的风筝和他的欢笑声一同飞得高高的，阳光将幸福照射在他们青春鲜嫩的脸上，生命的一切都浸润着阳光的味道，可以倾听，可以触摸，可以凝眸，可以吮吸。每一抹阳光中，都是灿烂的微笑，感恩着春天里生命的重生。我忽然想到了巴尔蒙特对自己的出生作出的解释："为了看看阳光，我来到这世上。"而另一幅美好的画面如在眼前：也是这样一个阳光明媚的日子，大自然也是这样充满和平与安宁，约翰·丹佛怀抱一把普通得不能再普通的吉他，站在闪着珍珠般光泽的阳光里，深情地歌唱——"阳光洒在我肩上，让我幸福愉快，阳光常在我身旁，使我心情欢畅。如果我要给你讲一个故事，我愿这个故事让你露出笑容，如果我可以送给你一个祝福，我会祝福阳光洒满你的每一天。""保护野生动物"演唱会上，这首《阳光洒在我肩上》让大家的心凝聚成一轮光芒四射的太阳，照耀着这个世界的每一个角落。

远望，整个大地已成了一个缤纷绚烂的花的世界，一片温暖馨香的色彩的海洋，散发着浓郁花香调和的味道！近看，梨花白如雪，压枝欲低；桃花红似火，香飘十里；朴实的杨花也不甘寂寞，在绿叶萌发前已挤挤挨挨挂满了光秃秃的枝丫；樱花满树，一簇簇，一堆堆，哪里分得清朵数，只是红红的一树，张扬着无限的生命力；玉兰花苞正俏，很像许多白色的鸟停在树枝上，展翅欲飞；油菜花也是黄压压一片，似锦似缎，蜂蝶飞舞其中。而路边或黄或红或紫的各色小花又细又密，虽不起眼，但同样妖艳多姿，同样散发着淡雅的清香，同样以自己独特的美装点着大地的盛装，让人爱怜得很。我俯身轻闻一朵含羞娇艳的桃花，一缕清香释放，轻轻浸入我的鼻孔，似一杯陈酿的酒于久别后开启轻倒入杯，然后慢饮回味，清新而甘醇，沁人肺腑。于是，我便在三月的花香中沉醉了。

长长的小径，脚步清脆，与妻牵着儿子的手，一同漫步在春风中，忘却工作的疲惫，抛却烦恼，把一颗心轻轻地托在掌心，让春风拭去沾染的尘埃，使其回归心灵的清洁，让自己收获一份恬静与放松。妻子的头上插着几朵不知名的小花，耳朵上带着野花串成的坠子，儿子手里提着一大袋子新鲜的榆钱，我们不仅用鼻子感受花香，回家还要用嘴去咀嚼花的香味，亦是咀嚼春天的味道，咀嚼阳光的味道。

阳春三月，阳光的味道，花的味道，就是春天的味道，就是大自然的味道，就是童年的味道，就是幸福和健康的味道，就是浪漫和自由的味道……春的脚步已走近，别让春天悄然从我们窗前走过，找点空闲，到郊外纯天然的“氧吧”中走走吧，让我们尽情享受春天阳光和花的味道。

又是槐花飘香时

一天，一个端着小瓷杯的同事让我闭上眼睛，我依言闭上眼，刚一会儿，便闻到一股甜甜的花香。“槐花!”我禁不住睁开了眼睛，只见小瓷杯的盖子已经被拿开，几朵晶莹的小花静静地浮在杯中的清水里。伴着捧瓷杯的那双晃动的手，槐花在杯子里轻轻地荡漾着，好像江南烟雨中的小舟，轻盈地飘浮在荷叶之间，却有了更多的诗情画意。原来，槐花是这么得超尘脱俗，是这么如水般透彻。在我们乡下，槐树随处可见。对槐树的情感，我从光着脚丫开始就留下了不少的记忆，淡淡地一直延伸至今。好几次，在槐花开放、漫山芬芳的时节，我都忍不住想打点行装去老家走一遭，但终因琐事而未能如愿。

杯中槐花的芬芳让我猛然记起，又到了莺歌燕舞时节，又是槐花飘香的日子！我一定要在这个时节带儿子回老家一趟，去搜寻那醇酒般童年的记忆，去咀嚼那春天的味道，也让儿子去感受一下父亲儿时的赏槐、钩槐、品槐之乐。周末，我们一家人终于成行。

几个小时行程的颠簸之苦，在无边的槐花里释放殆尽。抬头看去，槐树郁郁葱葱，枝繁叶茂里繁星般点缀着一串一串的槐花，空气里尽是香甜，令人陶醉……这槐花也仿佛特意为村子装点，此起彼伏，绵延无边。那些或高或低的枝干，或直冲云霄上升开去，或低垂挨着了屋檐，都像挂了些错落有致的坠子。最惬意的还是随手采一把槐花，含一嘴芬芳，那种感觉就如自己也在灿烂地开放。一串串洁白的槐花骄傲地挂在翠绿的枝头，迎风舞动着，好像是在向我展示很久以前的回忆。的确是久违了，久违了那过去的岁月，久违了那天真烂漫的欢乐。

“头枕庄周浑无梦，杜鹃声里落槐花。”踩着路旁已变得有些灰白的点点落花，我细细地品玩着这两句诗，今天的槐花几天后都会凋谢，对今天的人来说，槐花只有欣赏的价值。而过去呢？儿时的记忆又丝丝缕缕地映入脑海。五六岁时，每当槐花盛开的时候，我就跟着别的孩子满村子跑来跑去，他们拿着竹竿、铁钩，四处找长着很多槐花的槐树，而我则趁他们忙着钩槐花的时候拾几枝回去，或撸着吃，或让母亲做成槐花饼慢慢品味其中的香甜。上小学时，我已能直接爬树采摘，有时就用长长的木杆绑上一个回形的铁丝钩去钩槐花。把槐花拿回家，母亲便拌上一些玉米面，再加上一些田地里采摘的苦菜，蒸上几十分钟，很快那扑鼻的香气便四下散开。往往等不得熟，我们便吹着热气，一点一点地吃起来。母亲看着我们贪婪的样子，忧郁的脸上露出一丝丝笑容。蒸熟的槐花玉米糕很好看，那金黄色的是玉米面，绿色的是野菜，白的便是槐花了。每当此时，家家户户都散发着槐花的香气，我们拿着自家蒸的花糕跑到街上，和同伴们比谁家蒸得最好吃。每到这时，母亲总也忘不了让我拿几块给七十多岁的傻狗子他娘送去，她有一个傻儿子，但早已走失了十几年，孤苦伶仃的。看着她用牙龈吃力地撕咬着槐花饼子时那满足的神情，朦朦胧胧的“扶弱救贫、助人为乐”的意识就悄然地“种”在了自己幼小的心灵里。上中学时，家里生活条件已好转，但每当槐花开放，我都要蹬上二十多里的车子，奔回家去。不大会儿工夫，母亲就端上来煮好的满满一锅热气腾腾的玉米面槐花粥。那份持久的难抑难持的香甜，盛进碗里，弥散开来，充满整个屋子，拂着每个荡起笑容的脸。

在老家的两天里，儿子可以说是大开眼界了。我搭梯子在槐树上，把缀满枝头的槐花尽情地采摘下来，儿子从没想到槐花是如此美丽，如此玲珑剔透。可以说，我把儿时的槐花之恋都传染给了儿子，摘之，观之，闻之，吮之，嚼之，喝之，无一漏下。他还开发了一项槐花的功能，就是把槐花串起来给他妈妈和奶奶当耳坠、手链和项链，真是别具匠心，我们小时候只知道围绕着“吃”作文章，何来此等闲心，想来无此智慧也是情有可原的。这两天我们不仅吃槐花吃得不亦乐乎，临走时还大兜小兜地装了不少，一是回家自己继续享用，二是分给七邻八舍一些，让生活在钢筋混凝土中的他们也咀嚼一下春天的味道，让只知喝牛奶、吃巧克力的孩子们也品尝一下“泥土”这芬芳而鲜活的气息。

花开花落，年复一年。以前曾听年长者讲起从前的苦日子，一年中能吃饱的时候大抵只有两次，一是槐花当街香，二是秋露上垄行（寒露到来，始收红薯）。可想这槐花不仅与我，它还曾和多少人有过剪不断的情结啊。

而今，每逢槐花飘香时节，在酒店里，也偶尔会点上一盘“油煎槐花饼子”，焦黄焦黄的，溢着油汁，冒着热气，每每被众人风卷残云般横扫一空。而这，只是为了化解大鱼大肉的油腻而已，或者说，只是众人在回味儿时的记忆而已。谁说这小小的槐花的角色演变，不是我们当今盛世美好生活的真实反映呢？

怀念那棵树

车缓缓地停在大坝上，下车，远望，没有它的身影，揉揉眼，再望，还是没有它的影子，莫非……心有些发慌，快步向前奔去，转过山脚，是真的，它已消失。走上前，在烈日的烘烤下，寻找它的痕迹，锯印清晰，年轮可辨，树皮处一堆堆凝固的汁液仿佛在诉说着什么。儿子赶过来了，急急地问："那棵大柳树呢?"妻子赶过来了，悻悻地问："那棵柳树呢?"我指指树桩说："它被人砍啦!"儿子和妻子都焦急地说："那我们在哪儿凉快呢?"是啊，它被人砍了，它消失了，今天的我们在哪儿逍遥呢?

几年前，我们偶然发现了这个逍遥的好地方。这里有山有水又有树，南边是连着的几座山，北边悬崖下边是一座大水库，烟波浩渺。说有树，其实附近只有这一棵大柳树，正好在水库旁的一个平台上，山上都是野草，最高的要算小酸枣树了。每年秋天我们都会来几次。我们先把一个捞鱼的小网子放进水库里，然后就到南边的山上玩一番，从陡峭的水库边往上爬，手脚并用，每挪动一步，手里都得抓住一棵结实的植物，或茎或根，且拽拽够结实，才能往上挪步，试试脚下踩实了，才能放手，一家三口连拖带拉爬上山崖，个个满头大汗。坐在石头上，望着山下的悠悠碧水，看着蓝天上的朵朵白云，听着草丛中蝈蝈的弹唱，只消几分钟的时间，疲惫就烟消云散。然后便开始收获了，我带着几个空饮料瓶子，专门捉蝈蝈，这个东西生性灵精，周围很小的声音它都能感觉到，听到它在哪里叫，离它很远就得慢慢地轻轻地挪动脚步，一步一步向它靠近，有时它好像觉察到了什么就不叫了，你就得在原地耐心等待，直到它"警报解除"又重新叫起来，才能再次轻轻靠近。如果看到了它，那就不能再迟疑，要麻利地抓住它，还不能被它咬到。一个空饮料瓶里只能放一只，否则它们会互相撕咬，到最后一只也留不下。儿子是捕蚂蚱和螳螂的能手，他也拿一个空瓶子，追着蚂蚱满山跑，一会儿在这边喊："大的，又一个大的，是老油蚂蚱!"

一会儿在那边叫："哎哟，这个大螳螂真厉害，看我怎么抓住你！"稚嫩的声音飘荡在山的上空。妻子就只能摘小酸枣了，这么多的酸枣树，每棵上面都挂着几百个酸枣，红红的，像小红灯笼一般，很是惹人喜爱。妻子很快就会摘满瓶子。这东西在这里有的是，但带回家就成了好东西了，分给邻居和同事，都欢喜得不得了。我和儿子也忙里偷闲地摘几个酸枣填进嘴里，累了就索性围着一棵酸枣树吃个够，直吃得牙都酸倒了为止。

收获归来后，我们就来到大柳树下，开始享用。我负责支炉灶，妻子负责收拾蚂蚱和螳螂，儿子负责拾柴火。准备就绪，我开始炒这些野味，当然，油和盐是从家里带来的。很快，在噼里啪啦的声响中香味弥漫开来，炊烟穿过柳树叶飘向蓝天。蚂蚱和螳螂炒好了，儿子把小鱼网从水库里提出来，里面满是活蹦乱跳的小鱼，很快，一锅香气扑鼻的鲜鱼汤就会出现在我们面前。真正的"山珍海味宴"就在儿子一次又一次的催促声中开始了。煎饼、馒头、咸菜、大蒜、大葱、火腿，还有或干吃或煮着吃的方便面，一股脑地往肚子里填，感觉肚皮比平时松了许多，好像总也吃不饱，连在家把"没胃口"作为口头禅的儿子也吃了个肚儿圆。有一次，山上好心的老农给了我们几个地瓜和不少的花生、栗子，我们就在大柳树下烤地瓜、烧花生、煮栗子，现在回想起来，仿佛又闻到了那特有的香甜。风卷残云一般把所有食物吞进肚里，便把床单铺在柳树下，一家人进入了完全放松的状态之中。这边是一潭碧水，那边是连绵群山，在树荫中听蛐蛐低鸣、小鸟清唱，看天高云淡、树叶摇曳，闻花草的清香、泥土的芬芳。在这"天然氧吧"里，可以什么也不想，也可以什么都想一想，又可以小睡一会儿，这种境界，是生活在"水泥树林"中的我们难得的精神疗养。

可是今天，在"秋老虎"的淫威下，我们只能"把家还"了。一棵柳树的消失，竟然让我们今天的所有希望都化为泡影。那棵柳树在时，我们并没有感到它的巨大作用，其实也没有用心去感受过，而今天它不在了，我们才真切地体会到它存在的价值。默然之余，我们准备往回走了，儿子忽然说："树没了，我们祭奠一下吧！"于是，我们拿出了带来的火腿、面包，倒上一杯酒，放在了树桩旁边，我们坐下，待了大约一刻钟的时间，就离开了。

晚上，儿子的日记中多了这么一首小诗：

我邂逅了你，是一个缘分/我记得你的好，记得你的长发飘飘/你用挺拔的身躯，为我遮阴/你吩咐蝉，为我解闷/你让我，忘记了烦恼，忘记了忧愁，忘记了劳累/你的付出，是我心中永远的记忆/和你的相处，是我心中永远的甜蜜/你的离去，是我心中永远的痛苦/你的身影，是我心中最美的风景/你，定格在了我心灵的底片上

我也想作一首小诗，但最终没作出，我只想说："我很怀念那棵树。我也很怀念很多的树，有儿时邻居家的那棵石榴树，麦场边的那棵槐树，家属楼前的那棵杨树。如果人们没有斧头、锯子，该多好啊！"

鸟惑

这次，那只公鹦鹉真的被啄死了。这是我出门三天后回到家最不愿看到的一幕：那只公鹦鹉的毛散落在鸟笼里，头顶已没有一根毛，血肉模糊，眼球也没有了，满身是血，直挺挺地躺在笼子里，现场惨不忍睹。而母鹦鹉身上也同样沾满鲜血，看到我，脖子一伸，“啾啾”两声，一副胜利者的姿态，仿佛前途一片光明，浑然不知自己是“谋杀亲夫”的罪犯，而等待自己的将是“寡妇”的苦难生活。

两年来，这对鹦鹉“夫妻”在给我带来愉悦的同时，也把许多的疑惑留给了我，其中最让我不理解的就是它们夫妻间的“忽冷忽热”现象。平时它俩磨嘴绕颈、和谐平静，有时互相嚼米粒喂对方，让人看了都感到温馨，受它俩的影响，我和妻子的吵架都少了许多。

可是前几个月的一天，突然从笼子里传出“吱吱”的异样叫声，我忙跑去看，只见母鹦鹉一改往日的温柔，追着公鹦鹉不断地撕咬，公鹦鹉跑进窝里，母鹦鹉进去把它赶出来，公鹦鹉钻到盒子底下，母鹦鹉也把它啄出来，真是穷追猛打，公鹦鹉额头上的毛已经被撕下了不少，翅膀上也有鲜血。我一惊，看来它们夫妻这次动真格的了，怎么能这样往死里打，比我们人类还厉害。我看不下去了，就用小树条抽了母鹦鹉几下，可无济于事，母鹦鹉还是去追咬，而那只公鹦鹉只有逃命的份儿。我就纳闷了，难道鸟类和人类一样，也有“妻管严”？没有办法，如果任其撕咬，我看这公鹦鹉将小命不保，还是让它俩分居一段时间，尝尝相思之苦吧。于是，我把公鹦鹉放进了另一只笼子里，它俩这才消停了。为了让它俩交流方便，我还把两只笼子放得很近。这样它们只能用嘴摩擦交流，倒也相安无事。

打架事件后，母鹦鹉就经常待在窝里，我也没留意，二十几天后竟有小鸟声从窝中传出，原来它孵出了小鸟。我让公鹦鹉回到母鹦鹉身边，一则让它看看它的骨肉，二则好照顾自己日夜操劳的妻子。没想到，母鹦鹉不仅不领情，还照样追着撕咬。分别了这么长时间，难道一点相思的滋味都没有？我只好又把公鹦鹉拿出来。可能公鹦鹉极想尽父亲的义务，就把米粒嚼碎，不停地呼唤母鹦鹉，等母鹦鹉把嘴凑过来就把碎米吐在母鹦鹉的嘴里，就这样，一直到两只小鸟出窝为止，都是公鹦鹉喂母鹦鹉，母鹦鹉喂小鹦鹉。公鹦鹉可真是称职的丈夫和父亲，母鹦鹉如此对待它，它还无微不至地照顾妻儿，真是有情有义。直到两只小鸟满月了，我送了人，它们夫妻才得以团圆，又恢复了往日的甜蜜。

可这次，我一不留神，一个"伟丈夫"竟惨死在自己亲爱的妻子手里。我唏嘘不已，诅咒雌鹦鹉的残忍，而妻子也唏嘘不已，她在赞叹母爱的伟大。她说，雌鹦鹉为了幼鸟的安全，这时竟连丈夫都不信任了，这是多么伟大而可歌可泣的母爱。

妻子说的也不是没有道理。说到母爱，感人的事不胜枚举。螳螂为了后代，交配后母的会吃掉公的；鱼要下籽时最容易被捕捞，因为它需要充足的营养孕育孩子而不惜冒险吃饵。有一篇文章中提到这样一件事，一次发生火灾，消防队长在楼下指挥人们跳楼，所有的人都按照队长说的办法腹部朝下跳下来而安然无恙，唯独最后一位女士不听命令，头朝下跳了下来，人们在谴责其愚蠢的同时才发现这是一位孕妇，她之所以如此跳法就是想最大限度地保护她腹中的胎儿。但我真不明白，像鹦鹉此类的母爱，非得以付出一方的生命为代价吗？真是"另类"的母爱，让人百思不得其解的母爱。也许大自然的每种生物皆有其生灭的理由，也许世界正因为如此多样才如此精彩，也许此种母爱因此而更为崇高和圣洁吧。一切我都不得而知，我家鹦鹉的故事向我展示了大自然神秘的一角，且命名为"鸟惑"吧。

又是一年槐花香

车还没停稳，我便急不可待地下了车。空气中袭来的槐花香令我陶醉，而眼前的白花花的槐花更令我神往。又是一年槐花香，在这槐花飘香的季节里，我回到了魂牵梦萦的故乡。

走在回家的小路上，朝这边望望，满是槐花，向那边看看，也满是槐花。远望，一片片，仿佛白云落到了人间；近看，一簇簇，好像小姑娘的白手绢。此时的我爱上了深呼吸，在这熟悉得不能再熟悉却又久违的甜甜的空气里，我嗅到了童年的味道，我找到了梦中的影子。槐香，一直陪伴我度过美好的童年；槐香，曾多少次萦绕在我的梦乡。今天，我终于又嗅到了你的芬芳。

一到家，我的目光就朝西墙角处张望，因为以前钩槐花的杆子就竖在那里，结果却没有看到。我问父亲："钩槐花的杆子呢？"父亲笑了笑："现在谁家还有那玩意儿，你以为还是缺吃的时候啊？"我恳求说："您再给绑一个吧。您不知道，我多想再吃一次槐花。每次我和您孙子说小时候钩槐花的事，他总馋得不行，在路上可就说好了，这次我们非钩一次槐花、吃一次槐花饼子不可。"父亲呵呵地笑着："好好，看你还和小孩子一样。今天我就满足你们爷儿俩的愿望。"儿子听了，就催促爷爷："快绑！快绑！"很快，一个带镰头的杆子就绑好了。

我们一家人来到房后的小树林里，这里槐花可真多，满耳"嗡嗡"的蜜蜂声。我拿起杆子，钩住一根虽小但也满是槐花的槐树枝，用力一拉，"咔嚓"一声，小树枝掉了下来，妻子和儿子马上跑过去，拾起小树枝，娘儿俩就开始往篮子里撸，儿子那兴奋劲儿就甭提了。我抓起一把槐花放进嘴里，嗯，还是那个味儿，甜甜的，香香的，绵绵的。儿子也要吃，妻子不许，说："多不卫生，上面有很多土，回去洗洗再吃。"我说："不干不净，吃了不生病。"儿子又要吃，妻子一瞅他，他就怕了。城里人比较讲究，自己小时候可没少吃这个！现在先不管这一套，过过馋瘾再说。我边吃边钩，儿子和妻子不停地撸。后来，儿子也非要钩不可，我爷俩就一起拿着杆子往下钩。妻子还没忘给我俩照了一张相，“咔嚓”一声，“父子乐钩槐花图”就定格在了底片上，也定格在了一家人的心里。很快，篮子就装满了。看看篮子里的槐花，白白的叶翅，绿绿的叶柄，饱满得仿佛要撑破自己的身体，鲜嫩得仿佛要滴出水来，多像一个个白白胖胖的俊俏的宝娃娃。来不及多看，我和儿子抬着劳动果实凯旋了。

一回到家，儿子就迫不及待地洗了一碗，往嘴里塞，嚼个不停。我问：“香吧？”儿子回答：“还行。”我说：“这可是纯天然的绿色食品，爸爸小时候没少拿它当零食。”在儿子吃槐花的间隙，我找来一套针线，把一个个槐花穿成一串儿，挂在儿子的脖子上，真不错，效果一点也不比买来的珍珠项链差。妻子也眼馋，我也送给她一串，说：“现在我要送你世界上最美的，自然天成而最具纯情、最有价值的情物。”并郑重地给她戴上，她竟美得在镜子前转了几圈。我又教儿子怎么“采蜜”。拿起一个槐花，轻轻揭去它靠叶柄地方的绿绿的“小后盖”，用舌头一舔剩余的部分，甜甜的。遗憾的是，每朵槐花里的那点蜜太少了。但儿子还是吃得极认真、极有兴致，很快他面前就堆起了一个小槐花山。我还不失时机地进行思想教育：“你看当个小蜜蜂也不容易吧。小蜜蜂多勤劳啊，每朵花才这么点蜜，最后要采出那么多蜜，得采多少朵花啊！”儿子只顾当他的“小蜜蜂”，也不知道听懂了没有。

过足了“采蜜”的瘾，我们一家人就开始为吃槐花饼子而忙活开了。在我的统一指挥下，洗花，加盐和面，搅拌，生火，放油，进锅，摊匀，翻炒，一切都进行得有条不紊。儿子当起了“火头军”，一家人其乐融融，虽炒得有点糊了，但丝毫不影响我们的兴致。最后出锅，当闪着油花的槐花饼子端上桌子时，大家你看看我，我看看你，都笑翻了天。儿子的脸上、脖子上抹了一处处锅灰，简直成了“包黑再世”，而我和妻子的脸上除了锅灰还有面粉，分明成了两个小丑。来不及多取笑，下手吃吧，夹起一块，放进嘴里，嗯，味儿基本上没变，但不似以前那么香了。想想不对呀，那时候家里生活条件都不好，煎槐花饼子哪有用油的，顶多用油奋拉子（专门抹上点油抹锅子的布子）抹抹锅，可那时怎么就吃得那么香呢？我有时一顿能吃两大碗。现在看来，随着时光的变化一切都会改变的，一个人的口味也是如此，唯一不变的是喜爱家乡的那份情愫吧。儿子和妻子倒吃得津津有味，唏嘘不已，不住地说："好吃，好吃。"他们是第一次吃到槐花饼子，就只有香的份儿了。

又是一年槐花香，今年我终于又吃到家乡的槐花了。不知道何时才能再吃一次家乡的槐花……

父子“泡”书店，书香醉人心

我是一个爱读书的人，虽达不到“饭可一日不吃，书不可一日不读”“一日不读书，便觉面目可憎”的地步，但也习惯于以书为友的时光，欣然于枕书而眠的日子。书读多了，很多事就看开了，在浮躁弥漫、物欲横流的今天，我觉得读书是最能使人净心的好方法，而读书“净心”的好地方，除了家中的书房外，还有一个，就是书店。

其实，我虽爱读书但买书并不多，虽坚持进行每月“爱心一日买”活动，即把每月中一天的工资拿出来作为买书的经费，但面对当前昂贵的精装版图书，有时还是因囊中羞涩而只能望书兴叹。我们县城中又没有一个能真正供人们自由读书的图书馆，所以周末还是“泡”书店免费阅读最好。“泡”书店和那种走马观花式的逛书店是有着天壤之别的，因为这个“泡”字，需要的是一种心境和氛围，在心理上更多的是随意和放松，而绝非急火攻心之事。古人云：“书非借不能读焉。”所以“泡”书店时因更珍惜读书之不易也就读得如饥似渴了，或蹲或站，或浏览或研读，甚是满足。

大概“有其父必有其子”，我这个“大书虫”竟带出了一个“小书虫”，儿子竟也喜欢读书。我喜欢在马桶上读书，他竟然也每上厕所必带书，且一待就是半小时，可能是“只闻书香未觉马桶之臭”了吧。我喜欢睡前先读半小时的“睡前书”，他也沾染了这个“臭毛病”。更有趣的是，我钟情的书店竟也是他最喜欢去的地方。

我尤其喜爱杂谈类、文摘类及教育类书籍。每读一篇杂谈文章，我便对“读一本好书，就是和一个高尚的人对话”这句话理解愈深。有时自己有某种想法表达不出而作者却用恰当的文字表达了出来，我就像找到知音一般，畅快无比。在读书中，我每每感到自己的思想在碰撞中闪光，智慧在交流中提升。有时读到一篇佳作，真有种“读君一篇文，胜过十年闭门思”的感觉。而文摘类书籍上一个个经典的启智小故事更成为滋润我心灵的鸡汤，在我的课堂上经常会出现撇开课本讲故事的情景，让学生异常喜欢，他们爱屋及乌，因喜欢我讲的故事也就很喜欢我。我还钟情于青少年书籍，如杨红樱的《淘气包马小跳》系列，里面虽没有多少华丽的辞藻，但故事引人入胜。有一天，我看了《同桌冤家》，把里面的故事讲给老婆听，她竟笑不可支，大概是我们都“童心未泯”的缘故吧。俗语云：一笑解千愁。读到入胜处，在抿嘴一笑间，什么同事间的争执、学生的打架斗殴、职称、奖金不公都化为云烟。我喜欢这些书还有一个很重要的原因，就是读了能和学生及儿子“打成一片”，交流读书收获可是我和他们共同语言的重要内容。我相信多少年后，这些师生共读、亲子阅读、热烈讨论的场面定会让他们历历在目。交流愈多，学生、儿子爱我愈深，是书拉近了我和他们的心灵距离。而儿子呢，最爱读卡通类、故事类、历史类书籍。我认为，读什么书是他个人的事，“萝卜白菜，各有所爱”，反正新华书店里没有害人的坏书，开卷就有益，想读什么书都行，兴趣第一，我们爷俩谁也不干涉谁，都读得津津有味。有时也会对同一本书感兴趣，就凑在一起读，边读边交流，俨然“忘年交”一般。

书店好像有着强大的精神磁场，每到周末我们爷俩就不由自主地会被吸引到此处。有时有急事不能去“泡”一下，不能让身上沾点书香味，内心就好像有什么事情在牵挂着似的，总感觉缺少了点什么。我相信，在这个“精神磁场”的磁化中，在醉人“书香”的熏陶中，儿子定会享受阅读的快乐，健康成长。作为一个父亲，我懂得身教胜于言教的道理；作为一个教师，我也会把这个道理运用到教学实践中去。

我和儿子共“泡”书店，共读书，共成长，其乐融融。父子“泡”书店，“书香”醉人心，天下最浪漫之事莫过于此。且人生得一书友，还是自己的儿子，足矣！

与生同读，妙不可言

说实话，以前我阅读的课外书籍不多。上小学时，没有课外书可读；上初中时，只读课本，老师也不让读课外书；上师范学校时，多是读与教育有关的书籍；毕业后又忙于教学，一直静不下心来读几本像样的书。说来惭愧，我连最起码的中国古典四大名著都没有读完，所以总觉得枉为人师。

三年前，为扩大学生的阅读量，学校要求每个班每周安排两节连排语文课作为专门的阅读课。一开始，我课上看着学生读，然后看到学生手里有不少的好书，便随手翻着读起来，结果就上了瘾，一发不可收拾。于是，阅读课上，不仅学生读得津津有味，我也读得如醉如痴。师生同读，其乐融融。之后，我又觉得只在阅读课上读书不过瘾，于是就借阅学生的书，真应了“书非借不能读”这句话。为不耽搁学生读，借的时候就说好还的时间，或一周后，或两周后，于是就挤时间阅读，晚上临睡前读几页，早晨睁眼后也读几页，给学生批阅完作业后再读几页，倍感生活得充实。

三年来，我读的课外书可以说大大超过了前几年读的课外书的总和，《牛虻》《红与黑》《钢铁是怎样炼成的》《爱的教育》《〈小故事，大智慧〉系列》等，有三四十本，就连《杨红樱系列》我也读了，如《淘气包马小跳》我都读了不下三遍。

与生共读真是受益多多。一是阅读课上，我在读书，学生没有一个不读书的，几年来我教的学生也没有一个不爱读书的，看来身教比言传管用得多；二是与学生有了共同语言，能和学生经常交流读书心得，能和学生“打成一片”，师生关系自然和谐；三是在学生心目中我成了知识渊博的人。我还兼任中年级思想品德课，别的老师都说思想品德课难上，学生对说教性质的课不感兴趣，而我却让学生学得兴趣盎然，因为我结合课本内容给学生补充了大量的小故事，这些故事成了激活思想品德教学的强效剂；四是提高了自我，发展了自我，“腹有诗书气自华”。读书多了，境界自然就高了，目光也长远了，对原来可能让自己生气的芝麻小事都能够一笑而过，心境高远，幸福指数自然猛增。并且，不时发表几篇“豆腐块”，有了稿费又可以多买几本书来读。

与生同读，妙不可言！

享受激情

“有激情，一切有可能。”这是电视广告中的一句话，作为语文教师，我时常用这句话来勉励自己，也经常用这句话来激励我的学生。我们共同享受着语文带给我们的激情。

我的激情，一是来自我对语文教学的热爱。我非常热爱语文教学，是语文教学让我和孩子们一起在语文园地里采撷母语好词佳句的珠玑，领略中华民族文化的博大精深，仰望英雄人物的浩然正气和铮铮铁骨；二是来自课文本身所蕴含的作者的深厚感情。入选课本的每一篇文章，都是脍炙人口的佳作，里面都饱蘸作者的感情，上课前我自己在读课文时，每每激动不已，总禁不住被文章所感染。课堂上，我毫不掩饰地让每个学生体味到我的激情，我说的每一个字词、每一句话，都带有强烈的感情，可以说，字字带情，句句感人。我努力创设适当的情境，铺设激起学生情感的桥梁，让学生情不自禁地沉入课文中。如学《十里长街送总理》一文，我先让学生回顾学过的描写周总理的文章，有《温暖》《难忘的泼水节》《一夜的工作》等，学生从这些文章中感受到的都是周总理的和蔼可亲、鞠躬尽瘁，学生脸上都洋溢着自豪的神情。然后我说了一句充满悲伤的话：“可是今天，我们敬爱的周总理永远离开了我们。”紧接着，哀乐响起。学生的心一下子沉痛起来，爱愈切，痛愈深，在浓情的包围下，在创设的情境中，在老师的感染下，学生自然地走进文章深处，透过字里行间体会作者那悲痛欲绝的心，领悟作者对周总理的怀念之情，同时也产生深深的共鸣。这才是真正的语文课。

在我的引导下，学生们用心读每一篇课文，读《黄河魂》的豪情，读《十里长街送总理》的悲情，读《桂林山水》的深情，都饱含着学生们内心的激情。师生共同阅读，读得入情入境，或悠然自得，或激情高昂，或潸然泪下，或百感交集，或摇头晃脑，或拍案而起，真正做到了与作者情感上的和谐共振，达到了“神与物游，心与理合”的那种境界。每当此时，我总觉得我们不是在读课文，而是在享受语文，享受真情，享受人世间的爱，这才是语文学习的真谛。从学生的摇头晃脑间，从学生闪光的眸子里，从学生抑扬顿挫的调子里，从学生陶醉其中的神情中，我深深地感到激情就是语文学习的灵魂。

因为有激情，我的课得以走出县城，到了市里、省里；因为有激情，我的学生在各种朗读、演讲比赛中屡次获奖；因为有激情，一篇篇充满童真童趣、饱含真挚情感的习作，在学生笔下诞生。

“有激情，一切有可能。”我和学生们尽情享受着语文学习给我们带来的激情，带来的欢乐。

没有过不去的火焰山

“没有过不去的火焰山。”每当遇到困难时父亲总要说这句话。我忘不了接到师范学校录取通知书的那天，喜悦之情在家人的心里一闪而过之后，近千元的学费就像一块大石头压在了全家人的心上。晚饭过后，父亲蹲在灶边不停地吸着旱烟，满是皱纹的脸显得更瘦更小了，仿佛刀刻的一样。最后他撂下一句“没有过不去的火焰山”便出去了。第二天，爸爸把家里养的五只羊卖了，那是当时家里最值钱的东西了，随后又东拼西凑借了几百元，还有一百多元不知是从何处来的。正如父亲所说，“没有过不去的火焰山”，我终于踏进了师范学校的大门。后来，母亲从床底下找到了一张父亲的卖血单，在揭开了我心中的疑窦的同时，父亲的那句“没有过不去的火焰山”也牢牢地刻在了我的心里。

有一次，一位教师批评了一个学生几句，那个学生竟赌气跑出了学校，到了晚上都不见踪影。作为班主任的我心急如焚，和家长一起找到半夜仍没有音信，家长都急得哭了，我心里不停地说着“没有过不去的火焰山”，安抚自己着急的心的同时也用这句话来安慰家长，家长才平静了许多。第二天，我们在车站找到了那个学生。我想，如果当时没有这句话来安慰自己和家长，我们的心理一定都会垮的。

我也没忘记自己在评选市教学能手的前一天晚上，十点多了还清醒难眠，激动、紧张、焦虑一直困扰着我。躺在被窝里，我不停地在心里说“没有过不去的火焰山”，结果竟慢慢地睡着了。第二天，我情绪饱满地踏上了讲台。

“没有过不去的火焰山。”每当遇到困难时想一想这句话，我的心情就会轻松许多。

学生的贺卡我最爱读

要问我最爱读的东西是什么，我会说，是学生寄给我的贺卡。今年元旦，我又收到了数十张贺卡。这些贺卡，每一张都令我爱不释手；上面的文字，每一句都令我感动不已。最后，我挑选了其中的四张压在了办公桌的玻璃板下。

每一张贺卡都会勾起我的回忆。一张是凯越寄来的，他写的是："侯老师，我的良师益友，您和我的心永远连在一起。祝您元旦愉快!"现在凯越同学已经是一所著名大学的研究生了，他每年都寄贺卡给我。我知道"您和我的心永远连在一起"这句话的含义，这是我俩之间的一个小秘密。他上四年级时，我是他的语文老师兼班主任，他学习很刻苦，曾连续三年被评为"三好学生"，但在春节前一个月左右的时候，他和几个调皮的学生玩"疯"了，所以我没有给他发"三好学生"奖状。结果，他偷偷到小卖部买了一张没带印章的奖状，瞒过了妈妈，但年后被我发现了。他发誓说以后一定刻苦学习，要我给他保守秘密，因为他爸爸去世早，家里只有妈妈给人家看货场挣钱来供他上学，他买奖状是因为怕伤妈妈的心。我为他保守了这个秘密，他也确实"改邪归正"，从此刻苦学习，终于考上了一所重点大学。

还有一张是王志鹏同学寄来的。他写的是："一日为师，终身为父。祝老师老爸身体健康，阖家幸福。"我教了他两年。他爸爸本来就脾气暴躁，自从他妈妈离家出走后，更是变本加厉，加上没有工作，所以经常拿王志鹏出气，对他的学习也不管不问，结果王志鹏从二年级开始就成了"自由兵"，作业从来不做。我深入了解他的家庭情况后，托其他家长帮王志鹏的爸爸找到了一份工作，我还经常和他爸爸沟通交流，帮他改掉了爱发脾气的毛病，并渐渐变得关心王志鹏的学习和生活了。逢年过节我还给王志鹏买衣服。后来，王志鹏的妈妈也回来了。从此，我多了一个干儿子——王志鹏。他后来上了技校，现在成了修理摩托车的好手。

还有两张贺卡，一张是原来人称“调皮大王”，后来当了班里的“矛盾调解委员”，最后成为“顺民”，再后来被某美术学院录取的王晔寄来的。他写的是：“侯老师，您是指引我迈向成功人生的引路人，是指引我向着光明不断前进的灯塔。值此元旦之际，祝您永远年轻健康，将成功和光明送给更多的学子。”另一张是原来人称“贾小姐”的贾晓寄来的，他是一个学习认真的男孩子，就是胆子小，整天扭扭捏捏的。我让他喊“起立”，每天让他上台说五句话，这样坚持了两个月，他由“贾小姐”变成了“真小子”。听说，他上了大学后成了学校的学生会副会长，应该说与我给他开的“小灶”不无关系。他在贺卡中写道：“行动决定习惯，习惯决定性格，性格决定命运。是您决定了我的行动，从而给我开辟了一片明丽的天空。谢谢您，侯老师，祝您在教育艺术的天堂里乘着天使的翅膀自由飞翔。”

每年我都把收到的贺卡存放好，每次选其中四五张压在办公桌上的玻璃板下，每月一换。读着这些贺卡上的话语，我的烦恼、我的委屈、我的愤怒就会烟消云散。因为我知道，学生就是学生，如果他们让我们生气了的话，也都是无意的，一切都是因为他们还太小。他们总有懂事的一天，而那时，我们所有的付出和心血他们都会理解和铭记，而且会以不同的方式回报你我和社会。

在大雪纷飞的元旦时节，手捧贺卡，精美的图画让人神往，发自肺腑的话语让丝丝暖意弥漫。一张贺卡，一个故事，一张笑脸，一颗爱心，一片温情。这些贺卡，无不浸满学生对我的爱，让我感动，给我温情和力量。

学生的贺卡，我最爱读。

阳台上的“种植园”

“爸爸！爸爸！我们种的土豆发芽啦！快来看啊。”一大早，五岁的儿子就把我从睡梦中叫醒。看到儿子兴奋的样子，我可不能扫了他的兴，马上穿衣，来到阳台上，果然看到前几天我俩种的土豆长出了嫩嫩的、绿中带红的小芽。我和儿子蹲下来仔细地看，儿子说：“爸爸你看，芽上还有很多毛毛呢！”我说：“那是帮助它呼吸的。”儿子睁大了眼睛：“我们要呼吸，它也要呼吸啊？”“当然了！不过，我们吸进的是氧气，呼出的是二氧化碳；它吸进的是二氧化碳，呼出的是氧气。”“啥叫氧气？啥叫二氧化碳？”“都是空气的成分，如果只有二氧化碳而没有氧气了，我们就会憋死。”“那太好了，它是好的（在他的心目中，对人有好处的东西都是好的）。”“其实所有的树呀草呀，都是好的，都能放出氧气供我们呼吸。”“噢，怪不得爷爷早上都愿到树林里锻炼，原来那里氧气多呀。”“我们阳台上的氧气也不少，早上我们也在这里呼吸新鲜空气好不好？”“好！”“来，我们给它松松土，它会呼吸得更好，长得更快。”我俩一人一个螺丝刀，慢慢地松土，儿子还几次提醒我要小心，不要伤到土豆芽，看到儿子的那股认真劲儿，我心里说不出地高兴。松完土，我俩站了起来，一起欣赏我们的阳台“种植园”。

说到这个“种植园”，还得感谢一年前儿子的一个问题呢。那一次，我们全家在阳台上吃花生，儿子忽然问我：“爸爸，花生是在什么树上结的？”这个问题令我啼笑皆非。想想也是，城里孩子都生活在钢筋混凝土里面，哪里见过花生是怎么长的。我说：“花生是在土里长的。”儿子又问：“那怎么叫花生呢？应该有花啊！”我的目光停在阳台一角的几个花盆上，那是我养的花死后剩下来的。我说：“凡凡，现在我先不回答你的问题，我们种一棵花生看看怎么样？”“好啊，可种在哪里呢？”“就种在花盆里吧。”于是我们买了花生米，选了四颗饱满的分别种在两个花盆里。儿子种花生的积极性可高了，和我一起到楼下提沙土，一起种植，一起浇水，花生发芽的那一天儿子简直比看“奥特曼”动画片还兴奋，还惊奇。我知道，他的一只脚已迈进了大自然神奇的殿堂。之后，我又托人从老家捎来了萝卜种、白菜种、韭菜种和一些复合肥，还新买了十几个花盆，我要在阳台上办一个“种植园”，引导儿子接触大自然。我们按季节陆续种植了萝卜、西红柿、菠菜、辣椒、白菜、大蒜、小麦等。我们的阳台真的成了一个种植园。

每天早晨，儿子总是第一个去看望他心爱的劳动成果，费力地提一个小喷壶浇灌那些绿油油的小苗，简直是一个称职的“小菜农”。绿绿的叶子映衬着那张汗津津、红通通的小脸，我觉得那是我心中最美丽的画。在共同的“耕作”中，儿子知道了花生为什么又叫“落花生”；知道了萝卜为什么下部分往往是白的，而上部分往往是青的；知道了花生喜欢在沙土中成长，小麦喜欢在黄土中成长；知道了种白菜需要用种子，种土豆可用割下带芽的一块皮，而种大蒜需要种蒜瓣，等等。他也养成了爱提问题的好习惯，我为了回答他没完没了的问题，不得不上网、跑书店寻找答案。我们的种植园让我和儿子共同成长。我忘不了收获花生的那一天，在我和妻子的注视下，儿子用力地把花生从花盆中拔出来。“哇，好多的花生啊！”我们三人在花生出土的一瞬间同时发出了感叹。儿子一手举着花生的秧，一手用指头指着白白的花生一颗一颗地数，简直比得到奖状还兴奋，我不失时机地抓拍，把这一瞬间定格在了照片上。

这可真应了那句俗语：“养鸟不如养鸡，种花不如种菜。”阳台上的“种植园”，可以说是我家一道独特的风景，这风景也是儿子成长路上的一本虽无字却内容丰富的教科书。

背着《智慧背囊》上路

农家讲：“一花一世界。”佛家说：“一叶一菩提。”《智慧背囊》，为我和学生打开了一扇智慧的天窗，也为我们心与心的沟通架起了一座桥梁。

那是我刚接这个班不久，在一节阅读课上，我让学生推荐好书，一个学生向大家推荐《智慧背囊》这本书，说“里面的世界很精彩”。我顺手一翻，真有相见恨晚的感觉，从此便喜欢上了它。书中的每个故事都充满了创意，都引人深思。我每天总要抽时间读几个小故事，也号召学生都来读读这本书，结果学生们也都爱不释手，一时间，我们班掀起了“《智慧背囊》热”。

我们先一起来看看其中这篇《上帝的智慧》中所蕴含的智慧吧。有一位记者问萧伯纳先生乐观主义者和悲观主义者区别在什么地方，萧伯纳先生抚摸着他引以为豪的胡须想了想，回答道：“这很简单。假定桌子上有半瓶酒，看见它的人如果高喊：‘太好了！还有一半！’这个人就是乐观主义者。如果看见它的人对着这半瓶酒叹息：‘糟糕！只剩下一半了！’那这个人就是悲观主义者。”你看，何其精妙，何其深刻！对同一件事物有不同的看法，这就是智慧的妙处。再看看与此篇有异曲同工之妙的另一篇文章，说的是有一个人问上帝天堂是什么样的，地狱又是怎样的。上帝领着这个人来到一个房间，里面有一群人正围着一个大桌子，桌子上有一口盛满了粥的大锅，每人手里都拿着一个带长把的勺子，因为把子太长，每个人舀的粥都不能喝到自己的嘴里，结果每个人都饿得叫唤。上帝说：“这就是地狱。”他们又来到另一个房间，里面也有一口盛粥的大锅，也是每人拿一个长把的勺子，不同的是，他们都把自己舀的饭给别人吃，互相喂，结果每人都吃得很饱。上帝说：“这就是天堂。”你看，何其凝练，何其精辟！对同样的处境有不同的处理方式，这就是智慧的妙处。

如不过瘾，再让我们走进《静心》中的奇妙意境吧。有一天，一个工人在仓库里搬运货物，不小心把手表弄丢了，到处找都找不到，后来，同伴们也加入了寻找的行列，大伙翻箱倒柜，仍徒劳无功，只好去吃午饭。这时，一个小男孩进去了，很快便找到了手表。当工人们惊异地问他是怎么找到的时候，小男孩说："我只是躺在地上，保持安静，马上就听到表的'滴答'声了。"在这个喧嚣浮躁的世界上，小男孩的回答多么意味深长。

每当说到《智慧背囊》，我总是有说不完的话，就如我读它一样，读完一个小故事总是还想再读一个。再讲一个书中的小故事。话说40年前，苏联宇航员加加林乘坐"东方号"宇宙飞船进入太空遨游了108分钟，成为世界上第一位进入太空的宇航员。加加林在20多名宇航员中，之所以能脱颖而出，起决定作用的竟然是一个偶然的事件。在确定人选前的一个星期，主设计师罗廖夫发现，在进入飞船前，只有加加林一人脱下鞋子，只穿袜子进入座舱。就是这个细节使加加林一下子赢得了罗廖夫的好感，罗廖夫认为这个27岁的青年是如此的懂规矩，如此的珍爱他倾注了心血的飞船，于是主设计师决定让加加林执行这次飞行任务。细节决定成败，你看，一个脱鞋的小动作让加加林脱颖而出，正如"一滴水，就能反射出太阳的光辉"，想要成功，先从细节做起。

走进《智慧背囊》，就如同走进时空隧道，在五彩缤纷的空间遨游，看天鹅的美丽，赞人民的勤劳，品人生的真谛，享生活的乐趣。短小、精练、真切、感人是《智慧背囊》的突出特点。不然，怎么连我们班最不愿读书的王朋都爱上了它，一有空就捧着？自从学生拥有了它，课下打架的少了，互相帮助的多了，上蹿下跳的少了，讲礼貌的多了。还真应了那句话：读一本好书，就像和一个高尚的人对话。每当和学生谈到《智慧背囊》，我们也总是心有灵犀，总有欢声笑语。《智慧背囊》成了我和学生人生道路上不可缺少的行装。而我，也总爱拿着里面的故事到处"招摇"，到这个班上思品课讲几个小故事，给那个班上科学课时讲几个小故事，而每次都让学生意犹未尽，结果，我成了最受学生欢迎的老师。因为在学生看来，我脑中有无穷无尽的好故事，《智慧背囊》让我成了"智慧老人"。

读《智慧背囊》，阳光会通过背囊照亮自己的善良，让人感到生命的辉煌；读《智慧背囊》，坚强会通过背囊进入自己的心房，让人从此不再忧伤。有人说，我们改变不了生活的重量，但可以改变生活的质量；我们改变不了生命的长度，但可以改变生命的宽度。我和学生背起《智慧背囊》，雄赳赳、气昂昂而又充满智慧地走在人生的道路上。

用思探寻教育真谛 七

教育的真谛是什么？

苏霍姆林斯基曾言：“教育必须保护孩子们心灵中巨大的、无可比拟的精神财富——欢乐和幸福。”德国哲学家费尔巴哈说：“一切有生命和爱的生物、一切生存着的和希望生存的生物之最基本和最原始的活动就是对美好生活的追求。人也同其他一切有感觉的生物一样，他所进行的任何一种意志活动，他的任何一种追求也都是对美好生活的追求。”

我认为，教育作为培养人的活动，应该彰显真善美，真善美是引导人们走向幸福、获得幸福的源泉。教育应当引导人追求美好和快乐，引导人创造和享受美好而快乐的生活，实现人的美好发展、快乐发展。教育的本质就是让人生活得更美好、更快乐，并去创造更美好、更快乐的生活！让学生在美好与快乐的教育中增进对生活目的、生命价值和人生意义的理解，积极地感受和体验生活赋予自己的美好与快乐，在感性与理性的交织中，去创造属于自己的美好而快乐的生活，这才是教育的应有之义。

教育者要怀着一种理想而浪漫的情怀和对美好事物的向往，有美好、快乐的情，做美好、快乐的事，这样才能真正做好教育。感受美好与快乐、追寻美好与快乐、创造美好与快乐，不仅要体现在教育的结果上，更要体现在教育的过程中。让教育回归教育的本义，让教育能够真正地使学生解放自己的个性，使孩子们在美好的校园生活中不断思考和创造。

作为教育者，还要有爱憎分明、嫉恶扬善、鞭挞低级庸俗、倡导真善美的立场和情怀。对林林总总的教育现象进行理性分析，“择其善者而从之，其不善者而改之”，让自己的教育活动接近、再接近教育的真谛。

教育真谛的出发点是爱，落脚点是以人为本。教育应该让学生的生活更美好、更快乐。

学生证的故事

（一）

“今天你俩又给我们班减了分，说，是什么原因?”李老师一脸怒色。王小明吞吞吐吐地说：“我今天忘戴学生证了。”周力说：“我也是忘戴学生证了。”“你俩想办法把减的分找回来!”李老师撂下一句话就走了。

下课了，王小明和同桌商量了一个办法，他先把同桌的钢笔拿到了学校警卫室，在好人好事记录本上记上“拾到钢笔一支”，算是做了一次好事，给班里加了两分。放学时，同桌把自己的钢笔认领了回来。这样，王小明完成了老师交代的任务。

下午，周力向妈妈要了五角钱，说要买本子，到校后，他径直来到警卫室，在好人好事记录本上记上“捡到五角钱”，也加了两分，完成了老师交代的任务。

（二）

课下，刘志捡了一个学生证，他没交到警卫室，而是把上面的照片涂得模模糊糊，放在了自己的口袋里。

第二天下了第三节课，刘志在走廊里和同学打闹，远远地看见学校纪律监督员过来了，便迅速地从口袋里拿出昨天捡到的学生证，把自己的学生证换下。监督员根据他所持的学生证把班级和名字记下了。监督员走了，刘志一阵窃喜，换好学生证，吹着口哨向教室走去。

（三）

“站住!”一个大点的学生在胡同里拦住了一个比他略小的学生。

被拦的学生一脸的恐慌：“我没有钱，让我走吧。”

“没有钱，那就把学生证留下!”大点的学生狠狠地说。

被拦的学生只好把自己的学生证摘下来递给了大点的学生。

“走吧。”大点的学生得意地说。

在学校门口，那个被抢的学生因没带学生证而减了分，而那个大点的学生却得意洋洋地走进了校园。

（四）

走到半路的韩力群突然停住了，他摸了摸胸口，又忘戴学生证了。他看到了走在前面的同班同学魏真鹏，便喊住了他，两人嘀咕了一番。韩力群来到了学校操场围墙外的一个角落里停了下来，而魏真鹏则径直向学校门口走去。

走到校园里，魏真鹏来到操场上，把自己的学生证从围墙里扔了出去。围墙外的韩力群连忙捡起来，把学生证上的照片涂了涂，戴在自己身上，便理直气壮地向校门口走去。

培训之惑

某小学语文教师近期连续参加了几次规格较高的培训，同室好友很是羡慕，说："想必平时的疑惑都茅塞顿开了吧，何时让我们也长长见识?"此君却一脸迷茫，说："不培训还好，越培训反而越摸不着头脑了。"听此教师细细道来，方知其中原委。

原来，在一次培训中，A专家对与会者谆谆教导："一定要让学生带着问题读课文，否则，泛泛而读，读而不思，效果差矣。举个例子，一个人从一楼走到五楼，问他共走了多少台阶，他很难答上来，但在他还没开始走时就告诉他要数台阶数，他走到五楼后保证能说出来。"听者无不颔首称是。在另一次培训中，B专家却另有高论："最好不要让学生带着老师提出的问题读课文，否则学生读时就只注意这些问题，只为解决问题而读，其他妙处就会不加注意，而且学生自己也不会边读边提问题，久而久之，学生的问题意识尽失，只能成为回答老师问题的机器。举个例子，一个人到山上旅游，如果爬山前就给他明确的任务，让他数一数有几个山头，爬山时他就只会注意有几个山头，而对其他景色却无心欣赏，就会失去爬山的乐趣，收获也自然比别人少。"听者又颔首称是，但此教师心里却是一片茫然。

还有，在一次培训中，C专家强调要灵活处理课堂偶发事件。他举例说，有一次，师生正上课，教室内飞进一只蝴蝶，老师灵机一动，对学生说："孩子们，你看，蝴蝶都来听课了，它是在看哪一个小朋友表现好呢!"这位专家对该教师的处理方法大加赞赏，认为这位教师处理课堂偶发事件很机智，这种处理方法非常符合儿童心理，提高了学生的学习积极性。而在另一次培训中，D专家也举了这个例子，但他的观点却正好相反，他认为学生不是呆子，他们知道蝴蝶不是来听课的，更不会是来看哪个学生表现好的，老师说这些话会让学生认为"老师在撒谎"，甚至会给学生造成

“为了达到自己的目的，可以不择手段”的不良影响。

让此教师摸不着头脑的培训还有很多，例如，有一次E专家说，语文教学中应大量开发教学资源，强调“前牵后挂”，即课前布置学生收集大量与课文有关的材料，课上让学生交流，美其名曰“从学生已有的经验出发，从学生的生活出发”，下课前再次布置学生收集材料，美其名曰“进行课文知识的补充与延伸”，或曰“扩展性训练”。而F专家则说要第一时间入文，即让学生读了课题后马上学习课文，不要拖泥带水，否则，学生就会失去对课文的兴趣和激情，把兴趣转移到收集的材料上面，正所谓“再而衰，三而竭”。再如，一次G专家说，语文课堂上学生回答问题应说完整的话，如老师问：“你叫什么名字？”学生应回答：“我叫王小力。”而不能直接回答：“王小力。”理由是，说完整的话能提高学生的语言表达能力，这也是语文课的教学目标之一。而H专家则说，课堂上师生问答只是一种交流而已，只要能表达清楚自己的意思就行了，何必非得要求话语语法上的完整性呢？课堂的学习应回归生活，应与生活接轨，生活中的口语交际哪有非说完整话的道理，那样不就显得啰啰唆唆了吗！

此教师发完牢骚后，好友劝道：“那你就多读读《小马过河》吧，看看老马是怎么说的。还有，你可不能做那个《邯郸学步》中的燕国人啊，带着自己的思想参加培训才对，不能培训后就失去了自我。”该教师听后连声说道：“看来，你比专家还专家。尽信专家则不如无专家呀！”

老师摔死的仅仅是狗吗

学生阿文（化名）捡了一只流浪狗，当他把小狗带到班里时，所有同学都喜欢上了这只可爱的小狗，将它视为“班狗”。一天上午上课时，这只小狗被老师发现，老师便将小狗从教室窗口扔出去摔死了。

读了这则新闻，我不禁心头一紧，第一个感觉就是，这位老师怎么能这样残忍呢？作为老师，他怎么能毫无顾忌地这样做呢？我不知道当时真实具体的情况怎么样，可能该老师是到了忍无可忍的地步才做出了这样的举动，但作为教师、作为学生人生路上的引路人，此举还是大为不妥。一条鲜活的生命在全班学生的注视下消失了，想想学生心中是何想法？“一滴水能反映太阳的光辉”，教师此举反映出的是什么？是教师对生命无比冷漠的内心和本性，是教师对自己职业性质认识的模糊，是教师平时个人修养的偏低，包括对自身情绪较差的控制力。除了摔死狗外，该教师摔死的是什么？是教师在学生心目中的形象，是教师的威信，是学生对教师的崇拜和敬仰。可以说，此举把学生的爱心和信仰也一起摔死了。

教师的职业性质决定了教师必须时时提高自己的个人修养，时时小心谨慎，时时“如履薄冰”，因为其一言一行皆在几十双眼睛的注视之下，稍有不慎便可能使教育效果全无。“身教重于言教”。我们平时总教育学生要爱护动物，要有爱心，要善待生命，但“随便就摔死了狗”足以让我们讲的话全都变得苍白无力，而这也正是当前德育工作收效甚微的一个重要原因。“种瓜得瓜，种豆得豆”，如果教师是“嘴上的巨人，行动的矮子”，那么，教育出来的学生也会是如此。我也曾遇到过类似的一件事。和学生春游时，我无意中把一条小鱼放进了易拉罐，结果小鱼被憋死了。此事让学生在作文中一顿批评，从此，我才知道当教师该怎样当，才知道敬畏生命、尊重生命。记得去年有一次，在课堂上一只蜻蜓飞进了教室，我轻轻地拉开窗户让它飞了出去，学生都向我投来赞许的目光，从学生的眼神中，我懂得了“教学相长”的含义。我们是学生的老师，学生有时又何尝不是我们的老师呢？

“亲其师，信其道”，只有蹲下身子，和学生心连心，才能体会到学生的纯真，才能有好的教育效果；“教师无小节，节节是楷模”，只有时时反思自己的一言一行，学生才能潜移默化地受到教育，教师才能获得学生的尊重；“小处彰显境界，细节体现品味”，只有从小处入手，从点滴入手，才能获得最大的教育效益。反思一下，当学生向你问好时，你是回应了“你好”还是无动于衷？当学生帮你抱了作业本，你说了“谢谢”还是感到理所当然？当课文没学完而做眼保健操的时间已到时，你是让学生先做眼保健操还是继续授课？讲桌上有粉笔尘时，你是背对学生吹还是面对学生吹？当发现教室地上有纸屑时，你是自己弯腰捡起还是习惯性地让学生捡起？板书时，你是略弯腰让学生看清板书的过程和内容，还是站着挡住学生的视线？学生回答问题出错时，你是投去理解、信任的目光示意其坐下，还是不理睬甚至瞟白眼以示警告？如果你的选择都是前项，那么你确实做到了“以人为本”，否则，你还需努力。

既然选择了教师这个职业，就应该让自己的言行慎重、慎重、再慎重，因为我们从事的是太阳底下最崇高的职业。

从鼓掌找“托”说开去

某校在“庆新春”学生合唱比赛中，台下的学生“不会”鼓掌，为活跃会场气氛，提高学生唱歌的积极性，政教主任被逼无奈，只好安排几个学生当“托”，一个班唱完后，这几个学生马上“主动”鼓掌，其他学生才跟着“热烈”地鼓起掌来。

这一举动，真是令人哭笑不得。其实，早就有报道说我们的学生到国外参加文艺活动时不会鼓掌。学生不会鼓掌，反映出学生的赞赏意识与感激意识的薄弱。可是，这怨学生吗？不！该反思的应该是我们的教育者。别人付出劳动应给予赞赏，别人给自己带来快乐更应感激，而赞赏意识与感激意识是需要培养和引导的，是需要教育者以身示范的。试想，如果我们教育者能时刻注意赞赏我们的学生，时刻注意引导学生赞赏他人的话，学生怎么可能“不会鼓掌”呢？

这个问题，给我们教育者提出了一个新课题，那就是如何培养学生的赞赏意识与感激意识，如何引导学生学会用自己的言行赞赏他人。我们常说教师的职责是教书育人，可真正的“育人”成分又有多少？“教书”有余，而“育人”不足。我们常说教师要为人师表，可反思自己的一言一行，是不是有点自惭形秽？学生帮你抱了作业本，你说声“谢谢”了吗？学生见了你说“老师好”，你回应“你好”了吗？放学时，学生说“老师再见”，你回应“同学们再见”了吗？上课了，学生起立，你主动说“同学们好”了吗？学生回答问题很精彩，你自然而主动地喝彩了吗？这些看似平凡的小事，折射出的却是教师境界的不平凡。“大爱无言”，“润物无声”，要想让学生会赞赏他人，教育者首先就要时时注意赞赏学生。当然，并不是那种形式主义的、走过场式的、假惺惺的“你真棒”“你是最棒的”才是赞赏，也不是课堂上老师说的“回答得真好，给他鼓掌”等命令式的鼓掌才是激励。老师发自内心的不经意的一句鼓励的话，一个充满爱意的眼神，都会给学生带来学习的信心和力量，而这种赞赏，学生将终生难忘，能激发出学生无穷的潜能。比如，“听你的朗读真是一种享受，你不但读出了声，而且读出了情，你的朗读给我们带来了快乐”“同学们养成了良好的学习习惯，作业本很整洁，书写也端正，我真为你们高兴”，等等，这些话语无不让学生体会到学习的成功感。久而久之，在潜移默化中，学生学会了尊重别人的劳动，当别人给自己带来欢乐时就会通过赞扬、掌声或眼神示以感激。正所谓“其身正，不令而行；其身不正，虽令不从”。

“种瓜得瓜，种豆得豆。”教育者会赞赏了，学生自然就会赞赏了。教育者经常给学生鼓掌，学生自然就会鼓掌了，而鼓掌找“托”之怪现象自然就会消失。所有教育之事，莫不如此。

搞养成教育不是把学生“捆绑”起来

行为决定习惯，习惯决定性格，性格决定命运。叶圣陶先生说：“教育是什么？往简单方面说，就是培养良好习惯。良好行为习惯主要在学校中养成。”目前，习惯养成教育在各学校都不同程度地开展着，但在开展养成教育时，一些规定或做法又常常与学生的个性培养产生矛盾，更有甚者还伤害学生的自尊心。也就是说，养成教育是把双刃剑，搞好了能引导学生学会做人，搞不好则会扼杀学生的个性。如何才能既较好地开展养成教育，又张扬学生的个性，应成为教育者研究的课题。

镜头一：为了让教学楼里安静一些，很多学校走廊里会悬挂“请轻轻走路”“小声说话”等标语，有的甚至规定“两个人说话不允许第三者听到”，处处要求学生“听话”。一旦某个学生说话声音高了，监督岗马上就会递来减分单，这个班就会被减 2 分，于是这个学生就倒霉了，因为班主任的那一顿批评是少不了的。

感言：简单粗暴的办法会使学生从小小心翼翼，不敢大声说话，做事也畏畏缩缩，其个性也就得不到培养与发展。校园的确需要安静，但当学生一点声音都不敢发出时，学校还是学生的乐园吗？还能是学生向往的地方吗？学校应该坚持正面教育为主，而不应该一味地对学生进行惩罚，要允许学生发自内心地说和笑，让学生轻松自如地从事学习活动，让学生体验到学习的快乐，而不能像在监狱一样，整天提心吊胆。

镜头二：小学生天生好动，课间应多进行体育娱乐活动，但是，有的学校为了避免安全事故的发生就规定不准带娱乐工具到学校，连排球、跳绳等都不允许学生带到学校。学生下了课，上完厕所，只能回到教室里面去读书，学生在学校的生活就是“教室——厕所——教室”，也只有在体育课时才会到操场上活动。

感言：学校应该给予学生充足的娱乐空间和时间，课间应该让学生尽情玩耍，把课间还给学生，让学生从小就懂得自己不是“学习的机器”，可以享受很多的生活乐趣。学校不能因噎废食，应充分发挥体育器材的健身作用。

镜头三：下雪了，学生们都想到雪地里玩，这样既可以缓解学习的疲劳，又可以激发创新的灵感。可是某些学校为了保持楼道里的卫生，严禁学生到雪地里玩，更不准学生打雪仗，学生们堆雪人的愿望就像是一个“肥皂泡”。

感言：新课改倡导学生要多观察、多探究，要走进生活。知识来源于生活，我们不能只在口头上喊新理念，而要落实到具体生活中，在保证学生安全的情况下，可以让学生走出课堂，在玩耍中积累写作素材，激发创新灵感。

总之，让学生养成好习惯“善莫大焉”，但何谓好习惯？它应是帮学生打好人生底色的东西，应是让学生终生受益的东西，而不是凭大人的想法而随意安排的东西。好习惯的养成也不是一蹴而就的，要考虑学生的发展规律，要遵循儿童的年龄特点，既要严格要求，又要动之以情，让学生从情感上接受。养成教育更不是把学生“捆绑”起来，堵住学生的嘴，拉住学生的腿，而是应在播种良好习惯的种子的同时使学生的个性得到张扬才对。

爱学生，爱其缺点

人们在谈到爱情时，有这么一种说法："爱对方，就是爱对方的全部，包括爱对方的缺点。"每个教师都会说自己爱学生，但有时自己做的很多事又让我们不禁扪心自问：我们真的爱学生吗？

细想来，其实我们爱的是学生的优点，也可以说，爱的是只有优点的学生。一个人做一件好事并不难，难的是一辈子做好事。作为教师，爱有优点的学生并不难，难的是爱所有的学生，包括在自己眼中有许多缺点的学生。对教师来说，只爱有优点的学生并不能说这个教师对学生充满爱，起码他的这种爱是具有功利性的、选择性的爱。只有爱班上每一个学生，包括缺点多的学生，才算得上是真正有爱心的教师，这样的爱才是博大的爱、宽容的爱，才是从心底里发出的在骨子里的爱。

"童话大王"郑渊洁曾说过下面的话，我想每一个教师听了都受益颇多，甚至有当头棒喝的感觉。"什么是品德教育，就是尊重每一个孩子，无条件地爱和尊重每一个孩子。不因为你考试成绩不好我就不爱你了，不因为你长得不好，不因为你有什么缺陷、性格上有什么问题，不因为你不合群、你爱走神……不因为这个那个，而是无条件地让每一个孩子活得堂堂正正有尊严。每天老师干的事就应该是滋养每一个孩子的尊严、自尊和自信。""那时，听亚旗（郑渊洁的儿子）回来说说一些学校里的事，我就很担忧，比如，老师挖苦差生，比如，因为一个同学迟到了一会儿，老师就能把他的铅笔盒拿起来摔在地上……因为分数不高或淘气老师就公开挖苦、打击孩子，就像往孩子心灵上吐痰一样。长此以往，孩子长大后怎么会有自尊呢？我觉得应该为孩子设立一个最底尊严保障线。""如果有一天我做了老师，就想干一件事，拿着花名册转着圈地表扬班里的每一个孩子。人性最本质的东西就是渴望被欣赏，而教育最本质的作用就是发现一个人的长处。我认为教育孩子的秘诀就是一条：往死里夸他！"他的话虽有偏激之嫌，但也不无道理。从他的话中，我们不难看出他当初把儿子从小学接回家中自行教育的惊世骇俗之举的缘由。

想想我们平时的所作所为，是否有郑渊洁所举的“恶行”？应该或多或少还是有的。曾读过一篇文章，说的是“教育能够做些什么”的话题，文章中说道：教育，应让孩子的世界走向开放；教育，应让孩子的世界摆脱黑暗；教育，应让孩子的世界不再卑微；教育，应让孩子的世界拒绝苍白；教育，就是让学生活得更有尊严。也曾听过这样一个故事，说的是一个孩子一生下来就是兔唇，而且左耳先天失聪，她自己认为，除了家里人以外，没人会爱她，甚至没人会喜欢她。在一次“耳语测验”中，教她的伦纳德夫人说了九个字，这九个字仿佛一束温暖的阳光直射进她的心田，这九个字抚慰了她受伤的幼小的心灵，这九个字改变了她对人生的看法。这九个字就是：“我希望你是我的女儿！”而我们呢？看看墙上的标语：“为了一切学生，为了学生一切，一切为了学生。”我们真的做到了吗？可能，答案都令自己汗颜。

也许有的教师说：“说来容易，可真正做起来就难了。”这话不假，考试的指挥棒，对教师的单一的评价，都会让教师自觉或不自觉地对学习成绩好的学生情有独钟，而对有缺点的学生爱不起来。问题就在于：你是爱学生，还是爱分数？每个学生都是独一无二的，正如世界上找不出两片完全相同的树叶一样，而学生让我们喜欢他的理由却只有一个，就是符合大人的标准要求：学习好。说白了，就是为老师争光的学生老师才喜欢，给老师带来麻烦的学生老师就不喜欢。很明显，这样的爱是自私的爱。我们可以想想父母之爱，说到儿女，父母都说“手心手背都是肉”。没有哪一个父母因某一个儿女有出息，就偏爱，因哪一个儿女本事小，就歧视。要说偏爱，也往往偏爱弱者。曾有这么一个故事：记者采访美国某任总统的母亲：“您的儿子是总统，您感到自豪吗？”母亲回答：“当然。我的另一个儿子也让我自豪！”记者问：“那他在哪儿？任何要职？”母亲说：“他正在地里收土豆。”在母亲的眼里，收土豆的儿子与当总统的儿子同样重要，一样地有出息。你看，与父母对子女的爱相比，我们对学生的爱是不是显得特别狭隘了呢？我想，每一个教育工作者都应该尽力让自己对学生的爱变得无私起来，变得博大起来。

那怎样变呢？首先，要承认学生的差异性和独特性。我们尊重“世界文化的多元化”，为什么就不能尊重“学生个性的多元化”呢？十个手指还不一样齐呢，你能说爱哪一个手指而不爱哪一个手指吗？正因为人的个性的多元化，世界才变得如此丰富多彩。

其次，改变自己对学生的评价标准。多一把衡量的尺子，就多一批好学生。三百六十行，行行出状元。有的学生语文不行，但画画很好；有的学生数学不好，但跑得很快。再说，你心目中的缺点未必就是真正的缺点。你可能觉得自己上课时学生插嘴很讨厌，甚至对这样的学生很反感，但同样也能反映出“插嘴”的学生听讲认真、思维活跃，正处于接受知识的最佳状态，这不就是新课改提倡的“师生互动”吗？你可能觉得学生老和你意见不同是缺点，但你就代表真理吗？多少伟大的科学家不正是由于藐视权威而作出了突出贡献？何谓“青出于蓝而胜于蓝”？其实，学生和你观点不同，正说明他有创新意识。这样看来，前面说的两种情况不仅不是缺点，而是优点，关键是教师的观念问题，观念一变天地宽，评价标准一变，一大批“坏”学生就会成为“好”学生。

再次，要有一颗宽容之心。“小孩子犯错误，上帝也会原谅的。”谁敢说自己小时候没犯过错误？谁又敢说小时候犯的错误都是有意的？要允许孩子犯错误，不犯错误的孩子还是孩子吗？小孩子就是在不断犯错、改错的过程中成长的，想想自己小时候，或许你会对学生的过错是另一种态度。

只有爱每一个学生，包括缺点多的学生，你才能说你是爱自己的学生的。你敢这样说吗？

由“背对学生吹粉笔尘”想到的

听讲座，某专家说了一句话：“如果你心里想着学生，就要背对着学生吹讲桌上的粉笔尘。”我听后顿感耳目一新。一个小小的转身，就反映出一个教师心里装着学生的崇高境界；一个小小的例子，就足以说明“怎样才算以学生为本”这个大问题。

近日，听了两节课，都是响了下课铃教师还没有完成授课任务。一个教师连忙停止授课，让学生伴着眼保健操乐曲认真做课间操；另一个教师则继续授课，直到乐曲响完才匆忙结束授课。评课时，我发表了自己的意见：做眼保健操，是关系到学生身心健康的大事，教师应督促学生认真去做，不能因为要急于完成自己预定的课堂教学任务而剥夺学生做眼保健操的权利。从这样的小细节我们能看出一个教师是否心里真正装着学生，是否真正为学生的终身发展负责。

现在，我经常反思自己教学中的点点滴滴，经常和同事谈一些过去觉得根本不会谈的问题，也努力尝试着去做一些工作上的改进，而这些改进的原则就是变“心里想着自己”为“心里想着学生”，即变“以教师为本”为“以学生为本”。

可能有的教师认为这些观念自己早已转变了，那么下面几点你做得够不够好呢？你让学生到办公室谈话，你的学生是坐着还是站在你身边？你今天换了一身新衣服，是准备课前两分钟到教室门前等候上课，还是等打了上课铃再到教室呢？你上课时是不是经常提醒学生抬头写字？学生回答问题错误时，你有没有给他提供一次改正的机会？你们班发奖状是否只考虑学生的学习和纪律情况？学生报兴趣活动班时，你有没有说过类似“你写字不好看就报书法班吧”的话呢？你有没有利用学生的音体美课的时间让学生补语文或数学作业呢？等等。

我想，如果上面几点你做得够好，说明学生确实是已经走进了你的心中。

高考，考考“学生健康”如何

为加强自习课课堂纪律，保证自习课安静、安全，某学校推出自习课“零抬头”的管理办法。何谓“零抬头”？就是自习课上，学生只能低头看书学习，不能抬头说话，不能进行同学之间的交流。

读之，如鲠在喉。学生成了什么？成了完全受人摆布的机器了。我禁不住有了一个奇怪的念头：高考考健康会怎么样呢？曾经有个笑谈，说中国的男足为什么“臭”，是因为高考不考踢足球，如果高考也考踢足球，那中国男足不想称霸世界都难。虽为笑谈，但想想也不无道理，中国学生的一切行动就是为了“鲤鱼跳龙门”——考上大学，其他人的一切行动都是为了帮助学生考上大学，家长、教师及教育官员尤甚。而高考考什么？考课本知识。于是，为了让学生记住课本知识，人们打着“为学生前途着想”的幌子，千方百计地搞出一些怪招，制造了一系列有些畸形的教育方式。学生的近视率逐年上升？学生的脊背弯曲不弯曲？学生的身心健康不健康？不管。只要升学率提高了，取得所谓的政绩就行。在此情况下，说什么也是枉然，因为这样做确实能提高学生的升学率。因而，改变这种种不合理现象唯一可用的应该还是高考指挥棒。试想，如果高考也考学生健康，如统一测视力，视力每降 100 度，高考成绩减 10 分。这样，“零抬头”的现象是不是还存在？保证很快消失，其他怪现象也会不复存在。当然，现在高考前也检查学生的视力，但力度太小，对升学率影响不大，根本不能引起足够的重视。

当然，这只是一个设想，要操作起来也很难。但有一点可以肯定，高考指挥棒的威力是巨大的，可能只有它的改进才能消灭一系列让人觉得不可思议又确实存在着的教育怪胎。

学雷锋，“小”处入手，“实”字做起

又到三月，又到学雷锋的日子了。

现在的孩子大多是独生子女，往往为自己想的多，为他人想的少。我觉得，无论何时学雷锋，都要学雷锋的内在精神，那就是“心里时刻想着别人”。看看我们的周围，心里只想着自己的人可以说举目皆是。君不见，碰到两个学生打架，问：“怎么回事？”两人都会抢着说：“他……”意思都是对方怎么怎么不对，自己怎么怎么无辜和委屈，生怕自己吃了亏，很少能碰上一个人先说自己怎么怎么不对的。君不见，全班学生都在静静地读书，一生把教室的门猛地一推，呼呼地跑进来，再把门猛地一甩，惊得同学们都抬起头来看。再有，水龙头“哗哗”地流着水，过来过去不少人都无人能顺手一关。如君留意，此等现象比比皆是。我认为，这些都是“各人自扫门前雪，莫管他人瓦上霜”“事不关己，高高挂起”“多一事不如少一事”等消极思想影响的结果。说白了，就是只为自己着想、不为他人着想的具体体现。

因此，学雷锋，应围绕“时刻为他人着想”这个主题，引导学生从“小”处入手，从“实”字做起。

第一步，心动。让学生收集一部分关于雷锋的事迹材料，如雷锋日记、雷锋名言等，让学生弄明白什么是雷锋精神、学雷锋到底要学什么。并结合课文《我的伯父鲁迅先生》《董存瑞舍身炸碉堡》《金色的鱼钩》《灯光》等，引导学生得出结论。为什么“雷锋行车一千里，好事做了一火车”？为什么董存瑞能舍身炸碉堡？因为他们心里都想着别人。再引导学生回忆自己曾经做过的好事，并让学生说出自己的感受，如“我帮你，你快乐，我也快乐”“我们是个大家庭，互帮互助才能行”“帮助别人一次，自己快乐一生”，等等。然后让学生讨论、评价社会上一些只为自己着想、不为他人着想的人，最后让学生想想因他人只为自己着想而让自己伤心的事。这样，学生就会感到社会的和谐需要大家学习雷锋精神，需要大家多为他人着想。

第二步，行动。引导学生遇事先为他人着想，引导学生变以前的“找不到好事做”为“时时处处有好事做”。如借给同桌橡皮或本子用；别人座位上有废纸帮助捡起；同学在教室里读书或练字时，自己轻轻走入教室；在放学和上学的路上主动清除电线杆上的小广告；给店主指出牌子上的错别字，等等。让学生通过身边的一些小事懂得学雷锋是实实在在的行动，而不能光喊在口头上，雷锋就在我们身边。

第三步，坚持。让学生懂得，虽然三月份是学雷锋月，但并不是说只要在这个月做好事就行，而应该任何时候都要这样做才行。“一个人做一件好事并不难，难的是一辈子做好事。”只有坚持不懈地做下去，才能把雷锋精神——“时刻为他人着想”内化为自己骨子里的东西，从而成为自己终生受用的思想和习惯。

这样，就不会出现“雷锋同志没户口，三月来四月走”的尴尬局面了。

“身教”永远强于“言教”

近日到某校考察，正值学生入学，门口有几张废纸，一位执勤老师指示一名学生捡了起来。一路上学生纷纷向一位老师问好，这位老师竟无动于衷，表情漠然。在走廊中，我看到地上纸屑也不少，陪同的老师不时示意旁边的学生捡拾，竟没见该老师捡拾一次。听该校领导汇报，该校一直十分重视学校的卫生工作，前几天还在全体学生中开展了一次“弯弯腰，净校园”活动，但由于学生多，不好管理，学校的卫生工作一直让领导头疼不已。

前段时间我曾到另一学校考察，在校园里找不到一片纸屑，这所学校也开展了一次“弯弯腰，净校园”活动，他们与前面所提学校不同的是，他们的活动是在全体师生中开展的，师生互当“监督员”。略作比较，我们从这两所学校中不难发现第一所学校在管理中存在的问题，那就是只重视对学生的管理而忽视了对教师的要求，教师只懂“言传”不会“身教”，教育效果可想而知。

教师们应该扪心自问：抱怨学生写字潦草时，自己是否认认真真地板书了？是否一笔一画地写批语了？抱怨学生升国旗时不讲文明、不守纪律，当时自己是否也严肃认真呢？学生帮助自己做了事，教师有没有说声“谢谢”。细细想来，此类事情比比皆是，就不一一赘述了。

有两件事让我深深领会了“身教”的力量。刚接过一个班，学生不注意收拾自己的桌子，上面摆得乱七八糟，我就有意在上课前几分钟认认真真地收拾讲桌，把上面的东西摆得整整齐齐。几天后，学生也开始跟着收拾自己的桌子，逐渐养成了好习惯；一开始，学生不爱做眼保健操和广播体操，我就和学生一起做，渐渐地，学生也爱做了。

孔子曾说：“为师以正，孰敢不正，其身正，不令而行，其身不正，虽令不从。”我们也经常说“学高为师，身正为范”，说“学校无小事，事事都育人；教师无小节，节节皆楷模”。在教育中，“身教”永远比“言传”管用得多。作为学校，管理学生应首先从管理教师入手；作为教师，要求学生应首先从要求自己入手。

我看教育惩戒

教师是否有惩戒学生的权利？我认为是有的。一个学生犯了严重的错误，教师就该用惩戒手段让他们铭记终生，知道哪些界限是不能逾越的，否则，教师就是渎职，就是不作为。

问题是：惩什么？怎么惩？那种随口侮辱学生，甚至动辄体罚学生的惩戒是不可取的。要惩戒，必须要在惩“心”上下功夫，而不是简单粗暴地在惩“体”上做文章，即所谓的“攻心为上”。叶圣陶曾说：“教是为了不教。”而我说：“惩是为了不惩。”单纯的羞辱和体罚性的惩戒不仅达不到惩戒的目的，还容易让学生和家长产生反感和抵触的情绪，从而降低教师在学生和家长心中的威信，影响教师的工作。

我经常在学生的日记中看到这样的话语：“我这次考试考得不好，老师让我到办公室去。在路上我就想，老师一定又会惩罚我，罚就罚呗，没什么大不了的，不就是打两下嘛！没想到，老师没惩罚我，而是耐心地给我讲解了题，还说我下一次一定能考好，又和我拉了勾。我下定决心，下一次我一定要考好，否则，怎么对得起老师对我的信任呢？”当然，也有这样写家长的。很显然，一句鼓励的话语，一个信任的动作，比一次体罚对学生的作用要积极、管用得多。

我曾读过一个经典的体罚故事：

在一次考试中，我不顾弗洛斯特女士的禁令，示意好友伊丽莎白给自己传来了答案。在激烈的思想斗争后，我俩决定去“自首”。弗洛斯特女士说：“姑娘们，你们能主动来认错，我很高兴。但大错既然酿成，你们必须承担后果。否则，你们不会真正记住！”弗洛斯特女士拿起了松木板子，让我俩都伏在身边的椅背上，闭上眼睛。惩罚开始了，板子虽没打在我身上，但“啪”“啪”的声音让我泪流满面，充满自责。我请求老师别打伊丽莎白，打自己。而伊丽莎白却说：“你说什么？是你在挨揍啊！”这时，我俩都睁开了眼，看到的却是弗洛斯特女士正用那木板在装了垫子的坐椅上狠狠地抽了一下："啪！"哦，原来如此。这便是"我们"受到的"体罚"，并无肌肤之痛，却记忆至深。

我想，每个读过这个故事的教师都会深有感触。惩戒不是体罚的同义词，惩戒不是以损害受罚者身心健康为原则的一种施罚方式。

说了惩什么的问题，怎么惩就成了关键。简单地说，惩的关键还在沟通。沟通是法宝，沟通是使学生、家长和教师达成共识，以求得心灵的共鸣的最好的方式。

一是和学生的沟通。惩戒最忌为"惩"而"惩"，一"惩"了事，简单粗暴。在"惩"时，要让学生知道为什么要"惩"，要让学生心服口服。有一次，一个学生又没有写作业，我把他叫到办公室，当时我正咽炎发作，而且肩周和脊椎疼得厉害，我从口袋里掏出一大把口服药，又撩开上衣，把刚拔过火罐的满是红包的脊背呈现在那个学生的面前。他惊呆了，我说："每个人在这个世界上都有责任，你们学生的责任就是学会做人、好好学习，长大为国家、为家庭作贡献，老师的责任就是好好工作，帮助你们成才。老师都病成这样，还坚持上课，不敢有丝毫懈怠，你父母挣钱也不容易，你有什么理由不做作业？你回去好好想想，如果还想学的话就把作业补上。"他哭了，不仅补了作业，而且从此再没有落下一次作业。

二是和家长的沟通。学生犯了错，教师要和家长沟通交流如何教育学生。一次，午饭时，一个学生在食堂里又乱扔馒头，还说："什么烂馒头，我不吃，简直是猪食。"我发现这个情况后及时和家长取得了联系，家长反映说这个学生在家里就这样，吃饭总是挑三拣四的。我们商量之后，决定利用这次机会来改一改这个学生的这个毛病。于是，我强行制止了这个学生在食堂里的胡闹行为，并且晚上也没有让他回家吃晚饭。第二天，我听家长说，他一下晚自习，就急忙赶回家，狼吞虎咽地吃起剩饭剩菜来，还说"从来没觉得饭这么好吃"。后来，这个学生吃饭再也不挑食了。

可以说，有的教师对学生惩戒不成功的关键原因，就在于忽视了与学生和家长的沟通。教师对学生采用高压式的态度，简单粗暴，会让学生不服气，惩戒的作用也就难以实现；如果教师的惩戒教育忽视了与家长的沟通，可能有的学生的"传话"就会失真，家长听了之后容易对教师产生误解，不利于教育教学工作的开展，也容易失去家长的信任。还有一点需要注意的是，教师要注意惩戒的方式。例如，有的学生犯错后，教师罚学生做值日。应该说，做值日是每个学生应尽的义务，是培养学生劳动意识的平台，把做值日当成了惩戒的手段，此时的值日成了不好的事，怎么培养学生的劳动意识？实际上，这是对值日的误解，对劳动的歧视。

惩戒学生也是一种教育艺术，需要我们教育工作者不断学习先进教育理念和教育方法，不断研究学生的认知规律和心理特点，不断总结经验，才能收到事半功倍的效果。

学车之苦乐

这几天备受学车之苦的煎熬，其中的滋味也只有学车者才能体会到。当50多岁的老教练看到我手忙脚乱而不知所措时，大声呵斥之余还会发出无可奈何的叹息：“你咋这么笨呢!”

其实，这句话也是我在教学中经常说的一句话，其中蕴含的意味很多，既有恨铁不成钢的无奈，也有对学生的鞭策和激励。当然，更多的是想鼓励学生，想让学生从此觉醒而爱上学习，认真听讲，变得聪明起来。但现在这句话在我听来却是那么刺耳，体会不到一点激励的感觉，只有对自信心的打击。老教练越这样说，自己就越糊涂，越不知所措，原来那一点点自信心慢慢全溜走了，真想放弃不学了。我很纳闷，从小到大从没有人说自己笨，上学考试每次成绩都名列前茅，现在是怎么了？难道自己真的笨吗？老教练好像看出了我的心思，望着都不敢做动作的我说：“说实在话，这些动作对我来说简单得不能再简单了，闭着眼都能做。但对于你们这些自以为很聪明的知识分子来说，可不那么简单。特别是你们这些当老师的，平时对学生喝来呼去，总嫌学生学东西慢，其实你是站在自己的角度来看的，现在你成了学生，怎么样，是不是领会到了另一种感觉呢?”我反驳道：“那你怎么老说我笨呢?”老教练呵呵一笑：“我是让你以后更好地当好老师。我教了很多当老师的学生，他们后来都感谢我呢!”说实在话，有近20年教龄的我对于赏识教育、赞美教育、暗示教育等大道理还是懂的，但在实际教学中，看到学生不尽如人意，往往就忍不住横加指责，结果学生失去了对学习的兴趣，整天战战兢兢。有一次，我让一个比较优秀的学生到黑板前听写生字，我就站在他身边，结果很简单的一个字他竟不会写，被我狠狠批评了一顿。现在我终于知道原因了。就和我现在学车一样，倒桩时教练不在身边还可以，教练坐在身边我的脑子就一片空白，不知道该往哪边打方向盘了。想来，当时如果我不站在那个学生身边，说不定他就会写那个字了。

再有，学车时，我这个自以为智商不低的人学得却很慢，而上学时考试总不行的那几个同学却学得很快，他们还说：“你可是上学时老师的宠儿，现在怎么不行了?”这个事实也让我真正懂得了多元智力理论的正确性，明白了学书本知识好的不一定学动作技术好。“三百六十行，行行出状元”，作为老师，我们不能用一个标准来衡量学生，否则学生很累，老师更是整天生气。

后来，车学会了，我也领悟到了为人师的真谛，那就是蹲下身子看学生，让每一个学生都得到充分的发展。这个发展不是死学课本上的知识，而是在承认学生个性差异、认知差异基础上的个性化发展。从此，我生气少了，如学生背课文，有的背得快，有的背得慢，以前我很不理解，总以为那些学生不用心背，在呵斥他们的同时我也气得不得了，现在我觉得这很正常，只要学生尽力就行了。

可以说，学车让我学会了换位思考，让我学会了宽容，让我更理性地对待学生的错误和某些学生学知识慢的弱点，学生快乐了，我也快乐了，也有学生跟我说悄悄话了，真可谓一举多得。我确实得感谢那位老教练，他不仅教会了我开车，还教会了我怎样为师。

英雄教师驱走我的懈怠

汶川大地震，涌现出了一大批英雄教师，有张开双臂护住四个学生的谭千秋老师，有双臂紧紧搂住两个孩子的“雄鹰”张米亚老师，还有严蓉、吴忠红、瞿万容、苟晓超……他们用生命雕刻了一座座晶莹的师德丰碑，他们用生命诠释了大爱是什么、师魂是什么、教育是什么，他们用生命和鲜血表达了为人师者的风采。

对我来说，自地震以来，我无时无刻不在拷问内心：与他们相比，我做得够么？我是不是一个称职的人师？我热爱而坚守自己的事业吗？我对学生的爱博大而无私吗？反思之余，我觉得自己做得远远不够。说实话，刚踏入工作岗位时，我也曾对事业和学生满腔热情，也曾因某个学生的退步而睡不着觉。但随着时间的推移，随着所谓的越来越老练成熟，我对什么事就都“看开”了。参加工作近20年的我已没有了多少激情，凡事只求“差不多”就行，在不知不觉中我已被职业倦怠所俘虏。学生吵架了，不问青红皂白各打“五十大板”；学生没有带作业，不管三七二十一，罚补写五遍；学生回答错了问题，干脆罚站。

以前读报纸，我都是浏览，随便翻翻就扔在了一边，觉得与自己毫不相干。而这段时间，我却是用心去读报纸了。《因为我是教师——5·12汶川大地震舍己救生教师群像》《危难时刻更显师德光辉》等文章中的英雄教师的事迹，我都读了多遍。我感动着，沉思着，我明白了什么叫责任，什么是人民教师，我读懂了教师职业的崇高，突然有了一种良心发现的感觉。我意识到，作为一个教师，就应该传道、授业、解惑，引导、督促学生完成学业，关注孩子的点滴进步；就应该小心呵护学生稚嫩的心灵；就应该为学生的终身发展奠基；就应该用阳光驱散学生心中的阴霾；就应该担当起学生引路人的角色；就应该无时无刻不用心去关爱学生；就应该关心学生的成长，关注学生成长中的细节；就应该随时准备为学生挺身而出。否则，就是渎职，就不配“人民教师”的光荣称号。

英雄教师们为了自己的学生舍弃了生命，用实际行动表达了对学生真挚的爱，他们都是我人生中的老师，就像一座座巍峨的高山让我仰止。我也是一个人民教师，是一个四肢健全、身体健康、学识也算渊博的人民教师，有什么理由不用全部身心去爱学生呢？有什么理由不认真履行教师的职责呢？英雄教师，驱走我的懈怠，促我不断成长。这几天，我开始努力尝试着做一个崭新的自己。卫生区有纸屑了，我和学生一起扫掉；学生答错了题，我和他们一起分析原因……我发现，领导对我点头了，学生对我笑了，久违的幸福也包围了我。

我想，如果真的有一天也需要我为学生挺身而出，那我也一定会的。而在风平浪静的时刻，我会用涓涓细流般的爱去滋润学生。我一定会做出优秀业绩，这也算是我对逝去的英雄教师的缅怀和敬意吧。

江苏凤凰教育出版社
《行知工程》系列丛书目录

系列	序号	书　　名	主编	定价
行思讲坛系列	1	《师爱无疆——润泽学生心灵的教育故事》	侯忠彦	30.00
	2	《怎样反思更有效——促进教师专业发展的反思策略》	诸贝贝	30.00
	3	《成为高度自觉的教育者——写给后课标时代的数学教师》	许卫兵	30.00
	4	《哲思数学课》	刘全祥	30.00
	5	《把学生教聪明》	严育洪	30.00
	6	《教师最应该规避的教育误区》	杨坤道	30.00
	7	《用语文的方式教语文——潘文彬教学主张与实践智慧》	潘文彬	30.00
	8	《跨越式实现高效课堂——信息技术与课程整合高效教学方案评析》	陈　玲　刘　禹	30.00
	9	《怎样让阅读教学更有效——提升教学能力的十种读诵模式》	汪秀梅	28.00
	10	《让生命在润泽中起舞——当代小学生最需要的主题班会》	吴联星　罗　琳　冯卫东	30.00
	11	《让生命欢快拔节——当代中学生最需要的主题班会》	冯卫东　吴联星	30.00
	12	《课堂因生成而精彩——高效教学的生成智慧》	张文质	30.00
	13	《回到每一个人的生命化教育——张文质二甲中学教育行动录》	张文质	30.00
	14	《智慧数学课——黄爱华教学思维的实践策略》	黄爱华	30.00
创新教学探索系列	15	《备学式教学——在体验中建构数学思维》	单广红　范雪梅	30.00
	16	《向着自主进发——自主教育的创新实施智慧》	朱亚红	30.00
	17	《写中学——让学习更有效的学科写作教学》	钟传祎	30.00
	18	《小学科学实验总动员——大科学课堂有效提升学生创新力》	江美华	30.00
	19	《小学语文单元整体课程实施与评价》	李怀源	30.00
	20	《小学英语单元整体课程实施与评价》	李怀源	30.00
	21	《小学数学单元整体课程实施与评价》	李怀源	30.00
高效能教学系列	22	《让作文落地生根——提高写作实效的教学策略》	黄桂林	30.00
	23	《高效能作文教学 5 项修炼》	陈步华	30.00
	24	《高效能校长的 10 个好习惯》	张　勤	30.00
	25	《高效能教师的 10 个好习惯》	谢　英	30.00
	26	《高效能语文教学 5 项修炼》	王其华	30.00
教育探索者系列	27	《让每个学生都幸福——最能润泽生命的学校文化建设》	谢建伟　张新喜	30.00

系列	序号	书　　名	主编	定价
教师必读系列	28	《教师不可不知的教学心理效应》	叶勇军	30.00
	29	《班主任不可不知的管理效应》	奚一琴	30.00
	30	《教师不可不知的教育心理效应》	孙　媛	30.00
	31	《校长不可不知的管理效应》	谢申刚　张金豹	30.00
	32	《成为好教师的 7 项修炼》	王福强　李维华	30.00
	33	《如何让学生会学习》	龙　冰	30.00
	34	《如何让学生爱学习》	周震宇　许小燕	30.00
幼师成长系列	35	《幼儿行为背后——教师如何读懂幼儿的心思》	吴亚英	30.00
	36	《最具教育力的 22 种幼儿教育思想》	杨　达	30.00
	37	《幼儿教师必知的安全应急措施》	杨　达	30.00
	38	《幼儿教师必备的教育技能》	李　玲	30.00
	39	《卓越园长 21 条幼儿园管理策略》	周　丹　江东秋	30.00
核心教学主张系列	40	《新生代语文名师核心教学主张》	许友兰	30.00
教育求索系列	41	《思政教学的人文力量》	戴晓华	30.00
	42	《师道新说——给教育者的 30 条箴言》	徐　卫	30.00
中国教育变革之路丛书	43	《百年树人师何为——教师队伍建设困顿与出路》	将丽珠　李玉向	30.00
	44	《入园何时不再难——学前教育困惑与抉择》	曾晓东 范　昕　周　慧	30.00
	45	《三尺书桌何处寻——流动人口子女教育困难与破解》	范先佐	30.00
	46	《苦旅何以得纾解——高考改革困境与突破》	郑若玲	30.00
	47	《择校纠结何时了——择校问题困局与治理》	曾晓东　周文海 曾娅琴	30.00
教学全手册系列	48	《小学习作教学全手册》	郭家海	30.00
	49	《中学写作教学全手册》	郭家海	30.00
	50	《情境教学操作全手册》	冯卫东	35.00
	51	《合作教学操作全手册》	李春华	35.00
	52	《探究教学操作全手册》	周新桂	35.00
	53	《自主教学操作全手册》	诸葛彪	35.00
	54	《创新教学操作全手册》	王　玮	35.00
	55	《班主任工作全手册》	刘沛华	35.00
	56	《新教师工作全手册》	周震宇	35.00
	57	《学生心里健康教育全手册》	刘海莉　刘春杰	35.00
	58	《高效教学操作全手册》	马友平	35.00
教育漫笔系列	59	《课堂，诗意地栖居》	吴书华	30.00

系列	序号	书名	主编	定价
创新教学思想系列	60	《“大问题”教学的形与神》	黄爱华　张文质	30.00
新思维系列	61	《教育中的“不一定”——打破教育的19种思维惯式》	严育洪	30.00
校长领导力系列	62	《高品质学校生长要素》	王益民	30.00
	63	《校长高校教学领导力提升策略》	徐世贵　郭文智	30.00
校本研修系列	64	《特色校本课程开发范例解读》	刘永平　李秀伟　张雪梅	30.00
	65	《高效校本研修模型构建艺术》	刘素雁	30.00
教学提升系列	66	《有思想地教阅读——让学生学会品读文字真意》	王学东	30.00
教育艺术提升系列	67	《藏在师生体态语言里的教学智慧》	张　宇　廖生波	30.00
创新人才培养系列	68	《创新人才培养校园科普精品课程开发与指导——人大附中创新人才培养》	罗　滨	30.00
	69	《创新人才培养特色校本课程开发与创新人才培养——清华附中“国际安全下的科学技术”课程构建与实施》	王殿军　方　研　赵宏雁	30.00
	70	《创新人才培养：学校实验室建设与管理》	刘克文　杨发丽　杨　平	30.00
	71	《创新人才培养：数学探究活动开发与指导》	马云朋　韩继伟	30.00
	72	《创新人才培养：化学研究活动开发与指导》	王　磊	30.00
	73	《创新人才培养：物理探究活动开发与指导》	廖伯琴	30.00
	74	《创新人才培养：地理探究活动开发与指导》	张建珍　陈　澄	30.00
	75	《创新人才培养：生物探究活动开发与指导》	张迎春	30.00
	76	《创新人才培养：理念探索与思维突破》	王晶莹	30.00
名师感悟系列	77	《让心灵伴着歌声成长——22位音乐名师的教育智慧》	陈　璞	30.00
	78	《超越自我的教师——32位名师的成长感悟》	李卫东　李秀伟	35.00
	79	《心灵的守护者——19位名班主任的教育智慧》	王晓松　曲文弘	30.00
	80	《名师感悟班主任有效工作艺术90例》	符礼科	30.00
	81	《名师感悟有效教学90例》	林高明　徐玉烟	30.00
教育思想者系列	82	《教育，一切从孩子出发》	黄　俭	30.00

系列	序号	书　　名	主编	定价
新生代通派名师系列	83	《简约数学教学》	许卫兵	30.00
	84	《语文教学的本真——情意课堂展现母语之美》	吴建英	30.00
	85	《语文课堂的理想追求——欢快达成三维目标》	董一红	30.00
	86	《阅读教学的真髓——意象构建读出文学的真美》	祝　禧	30.00
	87	《美术教育的真谛——审美人生教育让生命绚丽成长》	陈铁梅	30.00
	88	《语文教学的理想境界——无痕教学润泽生命》	李　凤	30.00
	89	《儿童作文的本义——嬉乐作文让儿童乐并成长着》	王笑梅	30.00
	90	《名师是怎样炼成的》	王建明　王笑君	35.00